MARY ANN ALOYSIA
HARDEY
(1809 – 1886)

PRIMERA HIJA DE AMÉRICA

Ruth Cunningham, RSCJ
Edición revisada por Carolyn Osiek, RSCJ

Mary Ann Aloysia Hardey (1809–1886)
Primera Hija de América

Derechos de autor © 2026 Sociedad del Sagrado Corazón. Todos los derechos reservados. Ninguna parte de este libro puede ser utilizada o reproducida por ningún medio, gráfico, electrónico o mecánico, incluida la fotocopia, grabación o cualquier sistema de recuperación de almacenamiento de información sin el permiso por escrito del editor, excepto en el caso de citas breves incorporadas en artículos y reseñas.

Ilustración de la portada: retrato fotográfico c. 1873
Traducido por DeepL, revisada por Socorro Martínez Maqueo, RSCJ

Diseño del libro por Peggy Nehmen, n-kcreative.com

Impreso en los Estados Unidos de América.

Pasta blanda (español): 979-8-9946784-0-4
Libro electrónico (español): 979-8-9946784-1-1

Publicado por:

Society of the Sacred Heart
United States – Canada

4120 Forest Park Avenue
St. Louis Missouri 63108-2809
314-652-1500
www.rscj.org

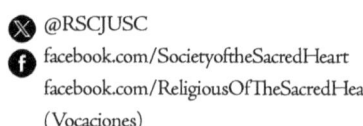
@RSCJUSC
facebook.com/SocietyoftheSacredHeart
facebook.com/ReligiousOfTheSacredHeart
(Vocaciones)

CONTENIDO

Prólogo de Ruth Cunningham 1
Introducción a la edición revisada 5
1. Los comienzos: Maryland y Luisiana 9
2. Luisiana 15
3. Nueva York y Francia 29
4. Responsabilidad 33
5. Fundaciones 41
6. Enfermedad y guerra civil 51
7. Más cambios 57
8. París y América 63
9. Conclusión dorada 69
Apéndice 77
Bibliografía seleccionada 81

PRÓLOGO DE RUTH CUNNINGHAM

Este relato de la vida de la Madre Mary Ann Aloysia Hardey, que no es más que un esbozo de sus relaciones y logros, se basa en gran medida en cartas que ahora se encuentran disponibles en los archivos generales de la Sociedad del Sagrado Corazón en Roma y en formato digital en los archivos provinciales de San Luis. La correspondencia con la Madre Madeleine Sophie Barat, en particular, revela a la Madre Hardey como una mujer brillante y sensible, que aprendió a relacionarse consigo misma y con los demás bajo la guía de una santa. Muestra a una mujer de gran carisma personal y juicio equilibrado, muy dotada tanto para los asuntos prácticos como espirituales, clara en su visión y magnánima en su respuesta. Pionera, administradora y educadora, fundó veinticinco escuelas del Sagrado Corazón en Estados Unidos, Canadá y Cuba.

Su vida abarcó la mayor parte del siglo XIX en unos Estados Unidos cuya lucha por la independencia aún estaba en evolución, hasta que la nación, finalmente unida, se liberó de la institución de la esclavitud y de la dominación extranjera. Mary Ann Aloysia Hardey estuvo cerca de ambos: fue una niña en Baltimore durante la Guerra de 1812; una joven en la plantación familiar de Luisiana, donde la esclavitud formaba parte de la vida; una joven religiosa en St. Michael, que compró a una persona esclavizada para el convento y liberó a otra; una sureña que vivió en el norte durante la Guerra Civil de los Estados Unidos. La Madre Hardey viajó en todo tipo de carromatos, barcos y trenes, visitando sus conventos y escuelas desde Nueva York hasta Cincinnati, desde Halifax hasta La Habana. Había mucho por hacer, y muy pronto, en los países en rápida expansión. No es de extrañar que a menudo viajara de noche para ahorrar tiempo. Durante su larga y plena vida, vio cómo el tren sustituía al carromato cubierto y el barco de vapor al velero. Si los viajes eran lentos, las comunicaciones lo eran aún más. Se quejaba a la Madre Barat de que sus cartas tardaban un siglo en llegar, aunque por entonces una carta a Europa podía enviarse y responderse en uno o dos meses, y no en los seis meses de la época de la Madre Duchesne; anhelaba un «telégrafo transoceánico» entre París y Nueva York para mantenerse informada. Los teléfonos eran todavía una novedad en la década de 1870, e incluso la fotografía estaba aún en proceso de desarrollo. El transporte aéreo y la comunicación instantánea llegaron un siglo demasiado tarde para ella.

A los treinta y un años, la Madre Hardey fue nombrada responsable, durante un tiempo, de todos los conventos del Sagrado Corazón en América. Formó, apoyó, aconsejó y guio a otras personas para que alcanzaran los ideales que ella misma apreciaba. Por encima de todo, era una mujer de profunda oración, dedicada con todo su corazón a dar testimonio del amor de Dios. La Madre Mary Ann Aloysia Hardey era una religiosa del Sagrado Corazón a quien Santa Magdalena Sofía Barat podía considerar con orgullo como su «primera hija americana».[1]

---

1   La Madre Hardey no fue la primera estadounidense en ingresar en la Sociedad del Sagrado Corazón, pero sí fue la primera estadounidense que Santa Magdalena Sofía Barat conoció íntimamente, la primera a la que aconsejó y formó para la labor que iba a

realizar en Estados Unidos. Mary Ann Layton fue la primera religiosa estadounidense del Sagrado Corazón que ingresó y permaneció en la Sociedad, comenzando en Florissant el 19 de agosto de 1820. Como novicia, acompañó a la Madre Eugénie Audé a la fundación de Grand Coteau, Luisiana, en 1821, donde hizo sus primeros votos el 6 de junio de 1822. Mary Ann Hardey habría estado presente en la ceremonia como estudiante de la escuela.

INTRODUCCIÓN A LA EDICIÓN REVISADA

Como vicaria adjunta y luego superiora vicaria[2] del este, Mary Ann Aloysia Hardey, RSCJ, fue responsable de las fundaciones a lo largo de la costa este de los Estados Unidos, en Canadá y en Cuba. Como primera asistente general americana, llevó la experiencia vivida en América a la casa madre de París. Su correspondencia con la Madre General Madeleine Sophie Barat y la orientación espiritual que recibió de ella comenzaron ya en 1836, y su relación se profundizó tras su primer encuentro en persona en Francia en 1840. Continuó hasta la muerte de Madeleine Sophie en 1865.

En vista de la creación de la nueva provincia de ANAM (Antillas-América del Norte-México), se ha considerado oportuno publicar una revisión de la breve biografía de la Madre Hardey, redactada inicialmente por Ruth Cunningham, RSCJ, y publicada de manera privada en forma de manuscrito por la Sociedad del Sagrado Corazón en Kenwood, Albany, Nueva York, en 1981.

Ruth Marie Cunningham, nacida en Nueva York en 1913, creció con su madre, sus tías y sus hermanas, educadas en el Sagrado Corazón. Asistió a la escuela de Maplehurst en Nueva York y luego pasó un tiempo en el Manhattanville College antes de

---

2   De 1851 a 1970, la Sociedad Internacional del Sagrado Corazón se administraba en unidades gubernamentales llamadas vicariatos, cada uno gobernado por una superiora vicaria.

ingresar en la Sociedad del Sagrado Corazón en 1934. Su hermana Frances la había precedido en la Sociedad. Ruth prestó servicio en la mayoría de las casas de la entonces Provincia de Nueva York antes de convertirse en profesora de inglés en Manhattanville. Después de 1975, vivió en Kenwood, en Albany, Nueva York, y se dedicó a la investigación y la escritura sobre la historia de la Sociedad. Murió allí en 2005.

    Antes de la de Ruth Cunningham, había tres biografías importantes de Aloysia Hardey. La primera fue en francés, escrita por Marie Augustine Dufour (1823-1904), secretaria general durante veintiséis años, primero de la Madre General Josephine Gœtz (1868-1874) y luego de su sucesora, la Madre Adèle Lehon (1874-1894). Durante esos años, la Madre Dufour tuvo acceso a fuentes primarias y redactó varias biografías de importantes RSCJ de su época. Monseñor Baunard, autor de las primeras biografías publicadas de Madeleine Sophie Barat y Philippine Duchesne, la consideraba su colaboradora en la investigación. Después de él, ella continuó la tradición escribiendo biografías francesas anónimas, publicadas de forma privada, de las Madres Du Rousier, Charbonnel, Gœtz, Lehon y *Vie de la Révérende Mère Mary Ann Aloysia Hardey, Assistante Générale de la Société du Sacré-Cœur de Jesús* (publicada de forma privada por la casa madre, sin fecha).

    La segunda biografía de la Madre Hardey fue la de Mary Garvey, RSCJ (1845-1932), publicada por primera vez en 1910: *Mary Aloysia Hardey*. Nueva York: America Press, 1910. Mary Garvey, nacida en Irlanda, llegó a Nueva York cuando era niña. Tras su profesión perpetua en 1868, fue maestra general (directora de la escuela) y superiora en varias casas, y luego vicaria del vicariato central en 1889. Murió en Eden Hall en 1932. Hubo una segunda edición de Longmans, Green and Company en 1925, coincidiendo con la canonización de Santa Magdalena Sofía.

La tercera biografía de la Madre Hardey fue la de Margaret Williams, RSCJ (1902-1996), *Second Sowing: The Life of Mary Aloysia Hardey*. Sheed & Ward, 1942. El nombre de Margaret Williams es bien conocido por cualquiera que investigue la historia de la Congregación. Nacida en Connecticut en 1902, pasó su infancia en la costa oeste de los Estados Unidos, pero regresó al este para asistir al Manhattanville College. Ingresó en la Sociedad en 1924 y más tarde enseñó durante treinta y cuatro años en el Manhattanville College. A continuación, se embarcó en varios años de vida y enseñanza en la Provincia del Este de la Sociedad antes de jubilarse en Kenwood en 1981. Sus biografías y escritos históricos revelan su comprensión de amplios contextos literarios e históricos, así como detalles biográficos.

El presente volumen es una edición revisada de la obra de Ruth Cunningham, actualizada y aclarada en lo necesario. Está previsto que esté disponible durante el proceso que conducirá a la nueva provincia de ANAM, dada la amplia huella de la Madre Hardey en los cimientos de la Sociedad en los países participantes.

El uso de las palabras «América» y «americano» aparece en el texto original de Cunningham, y en la mayor parte de la literatura sobre este contexto, de diversas maneras: a veces de forma general como la tierra al otro lado del Atlántico desde Europa, a veces como América del Norte, a veces como las fundaciones de la Sociedad en Canadá, Estados Unidos y Cuba. En la medida de lo posible, se mantienen los términos originales, que deben interpretarse a partir del contexto.

1

LOS COMIENZOS: MARYLAND Y LUISIANA

NIÑA

Mary Ann Hardey nació el 8 de diciembre de 1809 en la ciudad de Piscataway, Maryland. Era la segunda de los ocho hijos de Frederick Hardey y Sarah Spalding, ambos pertenecientes a antiguas familias de Maryland. El abuelo paterno de Mary Ann descendía de Nicholas Hardey, uno de los fundadores de la colonia original de Maryland por católicos ingleses en 1634. Fue él quien cambió su apellido de Hardy a Hardey para distinguir su linaje familiar de otro que era protestante.

Los viajes y la emoción caracterizaron la vida de Mary Ann desde el principio, ya que a la edad de un año la llevaron a la casa de la abuela Spalding en Baltimore para evitar una epidemia de tosferina. Con su inteligencia precoz, cautivó a todos y se convirtió en el centro de atención de la familia. Permaneció cuatro años en Baltimore, sin poder ver a su madre durante ese tiempo, ya que había comenzado la Segunda Guerra de Independencia. Los soldados británicos vagaban ahora por el campo, lo que hacía que viajar, incluso en distancias cortas, fuera extremadamente peligroso. En el verano de 1814, cuando el general William Winder reunió a sus tropas en Piscataway y las ciudades cercanas, la emoción y la ansiedad estaban en su punto álgido. El 12 de septiembre, Baltimore sintió la inminencia del peligro cuando las llamas de Washington, a solo cuarenta millas de distancia, advertían de la lucha que se avecinaba. Baltimore esperó, mientras Fort McHenry, con su bandera aún ondeando, resistía el bombardeo británico durante cuatro días. La alerta niña de cinco años debió compartir la tensión y el miedo de quienes la rodeaban, experimentando una sensación de aislamiento y peligro. Solo cuando los invasores se retiraron al mar, Mary Ann regresó a su casa en Piscataway. El hogar le resultaba extraño, con dos nuevas hermanas que reclamaban parte de la atención de su madre, y Mary Ann se volvió tímida y reservada. Esto solo duró un tiempo, ya que a menudo recordaba la fuerte influencia educativa de su madre en su infancia.

Dos años más tarde, Mary Ann emprendió un viaje mucho más largo, y la emoción era de un tipo más feliz. La familia Hardey se mudaba a una plantación en Luisiana, donde su tío Charles había emigrado anteriormente. El equipaje, los muebles y los animales se cargaron en carromatos cubiertos, y toda la familia—padres, hijos y familias esclavas—emprendió un largo viaje de tres o cuatro meses. De esta manera cruzaron las montañas Allegheny hasta Pittsburgh; luego, en barcaza y barco de vapor, bajaron por los ríos Ohio y Misisipi hasta Nueva Orleans.

Su plantación estaba en Opelousas y, una vez instalados allí, debieron de ser felices en su nuevo entorno, a juzgar por una carta que Sarah Hardey, la madre de Mary Ann, escribió a su hermana en Maryland, instando a toda la familia a seguirla al sur.[3]

---

[3] Carta comenzada el 12 de diciembre y terminada el 20 de diciembre de 1820. Sarah Hardey recomienda, tras la muerte de su padre, que su hermana Ellen «cuide los libros que nuestro padre adquirió para la instrucción de sus hijos». Garvey, 9-10.

EDUCACIÓN

En casa, Mary Ann recibía clases de su madre y, gracias a su rápida inteligencia, aprendió algo del arte práctico de administrar una plantación. «Mis' Mary» pronto se convirtió en la favorita. A los ocho años se le permitió hacer la Primera Comunión, ya que cuando asistía a clases con su hermana, era ella la que sabía todas las respuestas. En 1821, su hermana Ann fue a la escuela en Emmitsburg, Maryland, pero Mary Ann fue enviada al «Instituto para la Educación de Jóvenes Damas», una nueva escuela inaugurada ese año por las Religiosas del Sagrado Corazón en la cercana Grand Coteau. La matrícula suponía un problema, ya que los plantadores tenían más tierras que dinero en efectivo. La práctica Mary Ann tenía una solución: ¿por qué no enviar a algunas de las esclavas de los Hardey a ayudar con la colada de la escuela? Su padre aceptó la sugerencia y Mary Ann Hardey se convirtió en una de las primeras alumnas del Sagrado Corazón en Luisiana. La escuela, dirigida por la madre Eugénie Audé, contaba con diecisiete alumnas en 1822. Mary Ann destacaba en los estudios; aprendió rápidamente francés, de modo que la madre Audé podía hablar con ella en su lengua materna en lugar de en un inglés vacilante. Mary Ann, una líder nata, leyó el discurso de bienvenida a la madre Philippine Duchesne cuando esta visitó la escuela el 6 de agosto de 1822. A Mary Ann le gustaba recordar que su liderazgo no siempre era admirable, como cuando el obispo William Dubourg[4] hizo su primera visita a Grand Coteau. Mientras la Madre Audé lo recibía en la puerta, las niñas, lideradas por Mary Ann Hardey, salieron corriendo para esconderse debajo de las escaleras. Pero

---

4   Louis William Valentin Dubourg (1766-1833), nacido en Saint-Domingue, fue ordenado sacerdote en París en 1790. En 1815 fue nombrado obispo de Luisiana, toda la zona de la Compra de Luisiana de 1803. Regresó a Francia en 1826.

cuando terminó la escuela, se le concedió la Primera Medalla por su buena conducta y liderazgo.

Mary Ann era elegante y enérgica en sus movimientos, alta, rubia y de ojos grises. Su sonrisa atraía a los demás, y su manera franca y sencilla los hacía sentir cómodos. En casa debía de ser una agradable incorporación a la vida social de sus hermanos, hermanas y amigos.[5] Una noche, antes de una fiesta, cuando tenía quince años y medio, decidió ingresar en la Sociedad del Sagrado Corazón. Se excusó del evento y se puso a hacer sus planes. Su madre sabía que, con Mary Ann, una decisión tomada era definitiva, pero su padre intentó hacerla cambiar de opinión. Aún con la esperanza de verla en casa en una semana, se ofreció a llevarla él mismo en coche hasta el convento de Grand Coteau, a pocos kilómetros de distancia. Sonrió cuando se despidieron en la puerta del convento, cuando Mary Ann le pidió que le enviara el espejo que se había olvidado.

NOVICIA

Aunque la comunidad de Grand Coteau no había sido avisada de su llegada, recibieron a su antigua alumna con alegría, sin dudar nunca de su vocación, ya que Mary Ann solía reflexionar mucho antes de tomar una decisión. Pero hubo un caso en el que actuó por impulso, poco después de su ingreso. Con la esperanza de atraerla a casa, la «tía Sophie», una de las esclavas de los Hardey, le hizo saber a Mary Ann que su padre estaba enfermo. Mientras el carruaje se alejaba del convento, Mary Ann se sentía angustiada.

---

5   Muchos años después, el hermano menor de la madre Hardey, Charles, recordaba: «Era mi ángel de la guarda, mi compañera de juegos... amable, cariñosa, llena de atención». *Vie de la Révérende Mère Mary Aloysia Hardey.* (Impresión privada), pp. 19-20 (traducción del autor). En lo sucesivo, se hará referencia a esta obra como *Vie.*

Si su padre la necesitaba, debía ir de inmediato. Sin pensarlo dos veces y sin decírselo a nadie, se puso en camino hacia su casa. Abandonar el convento significaría que tendría que empezar de nuevo como postulante. Mientras caminaba, la razón se impuso y, tras recorrer aproximadamente una milla, la obligó a dar media vuelta. Resultó que solo había sido una artimaña de la «tía Sophie» para atraerla a casa. Cuando la madre Audé se enteró, acogió a Mary Ann por segunda vez.

La misión de la Madre Audé era perpetuar el espíritu de la Sociedad del Sagrado Corazón que había traído a América en 1818. Lo hizo bien, y Mary Ann Hardey, aunque aún no tenía dieciséis años, se mostró excepcionalmente receptiva.[6] El tiempo como postulante se acortó para Mary Ann a menos de un mes, y recibió el hábito el 22 de octubre de 1825. Era una costumbre promovida por la Madre Philippine Duchesne que las nuevas novicias tomaran el nombre de un santo jesuita,[7] por lo que Mary Ann eligió el nombre de «Aloysia».[8] Este nombre lo utilizó durante el resto de su vida.

---

6   Eugénie Audé ingresó en la Sociedad del Sagrado Corazón en Grenoble, Francia, en 1815 e hizo sus primeros votos en 1817. Hizo su profesión perpetua menos de un año después, el 8 de febrero de 1818, la mañana del día en que partió hacia América con la Madre Philippine Duchesne. Tenía en gran estima los dones de Mary Ann Hardey y escribió a la Madre Barat: «Una de las novicias, Mary Ann Hardey, llamada "Aloysia", tiene muchas posibilidades de triunfar con los niños; su aspecto, su aptitud para los estudios, su docilidad cuando se le dan consejos, su excelente criterio, su apego a la Sociedad» dan grandes esperanzas para el futuro. «Creo que algún día nos será de gran ayuda». *Vie*, p. 32.

7   Antes de que Adeline «Gonzague» Boilvin se hiciera novicia en 1828, la Madre Duchesne le escribió: «Elige Louis, Louisia, Gonzague, porque Aloysia ya está escogido». Carta del 31 de diciembre de 1828.

8   A través del nombre «Aloysia», la autora Ruth Cunningham descubrió un interesante vínculo en su propia familia con Aloysia Hardey. Su madre, Blanche Donnelly, confirmada en Manhattanville en 1888, dos años después de la muerte de la Madre Hardey, eligió «Aloysia» como nombre de confirmación. Probablemente fue por sugerencia de una de las religiosas que había conocido y venerado a la Madre Hardey.

Consciente de la necesidad de Mary Ann de mantenerse activa, la Madre Audé le concedió tiempo para montar a caballo «por su salud»,[9] pero al día siguiente de convertirse en novicia, se vio inmersa en otra actividad. La Madre Audé se marchaba para fundar una comunidad en St. Michael, Luisiana, a unos cien kilómetros de Nueva Orleans, en la orilla izquierda del Misisipi, y Mary Ann iba a ser una de las tres religiosas y tres novicias que la acompañarían. Partieron el 23 de octubre de 1825 y, tras un viaje de cuarenta y ocho horas, llegaron y encontraron su nueva casa sin techo. El padre Charles de la Croix les cedió su casa parroquial durante varias semanas. Pero cuando se mudaron a su convento, aún carecía de chimenea, estufa e incluso sillas. Esta primera experiencia de la vida de fundación preparó a Mary Ann para hacer frente a las inevitables privaciones que conllevaba. Habría muchas aventuras de este tipo en los años venideros.

Mary Ann había dicho que estaba dispuesta a hacer cualquier cosa que se le pidiera, excepto enseñar, pero esa sería su labor durante los siguientes diecisiete años. Pronto le tomó cariño. Aunque al principio era una novicia, a los alumnos les parecía la religiosa ideal. Su comportamiento le granjeó el respeto; su forma de tratar a todos sin distinción se ganó su confianza y su cariño. Sus antiguos alumnos recordaban más tarde sus vívidos relatos de los primeros días de la Sociedad y su don para inspirar a los demás con el amor al Sagrado Corazón.

---

9   A principios del siglo XIX, se recomendaba regularmente montar a caballo, bañarse en el mar y viajar para mantener la salud.

2

LUISIANA

SAN MIGUEL

Mary Ann «Aloysia» Hardey llevaba solo quince meses como novicia cuando, el 15 de marzo de 1827, se le permitió hacer sus primeros votos. Se la necesitaba para sustituir a la maestra general, la madre Xavier Hamilton,[10] que había enfermado gravemente. Mientras tanto, la madre Duchesne, que estaba a punto de abrir una nueva escuela en San Luis, quería que Aloysia estuviera allí. La Madre Audé rápidamente frustró esa esperanza escribiéndole a la Madre Duchesne: «Si te llevas a Aloysia, más vale que te lleves a toda la comunidad».[11] La historia de la Sociedad del Sagrado Corazón en América habría sido muy diferente si ella hubiera ido a St. Louis en ese momento. Si hubiera estado en St. Louis, habría acudido a la Madre Duchesne en busca de consejo, en lugar

---

[10] Mathilde (Xavier) Hamilton (1802-1827) y su hermana Eulalie (Regis) llegaron desde Sainte Genevieve, Misuri, al internado de Florissant en 1819. En 1825 hizo sus votos perpetuos para formar parte del grupo fundador de St. Michael, donde ocupó puestos de responsabilidad hasta su repentina muerte el 1 de abril de 1827. Su hermana Regis permaneció en St. Louis y ocupó varios cargos importantes allí, en ciudades del norte y en Canadá, incluido el de superiora en St. Charles en el momento de la muerte de Philippine Duchesne en ese lugar.

[11] *Vie*, 42.

San Miguel, primera casa, 1825. Iglesia parroquial a la derecha.

de a la Madre Barat, su superiora general en París. En cambio, la correspondencia con la Madre Barat se convirtió en la gran influencia formativa de su vida. En la gestión de la escuela y la casa, la Madre Barat le dijo: «En todo, sigue el gobierno de tu Madre Eugénie, que ha tenido tanto éxito en ese país».[12] Se benefició de la dirección libre y expansiva de la Madre Audé, como más tarde se dio cuenta la Madre Duchesne.[13]

En su nuevo cargo de maestra general, «Aloysia», ahora Madre Hardey, demostraba su fortaleza, al tiempo que se ganaba a las alumnas con su sensible amabilidad. En dos años, la escuela de St. Michael contaba con sesenta y dos alumnas. Esto complació a Madre Duchesne cuando visitó St. Michael por primera vez para asistir a un consejo provincial en 1829. Madre Hardey actuó como secretaria durante esas semanas y estuvo en estrecho contacto con Madre Duchesne.[14] Aunque en ocasiones la anciana misionera

---

12 Carta del 4 de diciembre de 1836, en la que se la nombra superiora en St. Michael.

13 9 de junio de 1844. La Madre Duchesne le dice a la Madre Boilvin que ella es como la Madre Hardey, «esa querida hija de la Madre Eugénie, llamada a continuar una obra como la suya; y qué bien lo hizo».

14 Esta fue la última vez que la Madre Duchesne y la Madre Hardey se vieron,

ST. MICHAEL'S CONVENT,

San Miguel, 1838

francesa reprendía a la joven monja por su «orgullo americano»,[15] más tarde escribió sobre ella: «Aloysia es demasiado perfecta; no puede vivir mucho tiempo».[16] Afortunadamente, esta profecía resultó ser incorrecta.

En mayo de 1833, una trágica epidemia de cólera azotó St. Michael. Los alumnos fueron enviados a casa y las novicias fueron evacuadas a un ala remota del convento. La Madre Hardey se movía entre los enfermos y los moribundos, ayudando a la Madre Audé a dar consuelo y prestar servicio. Salvó la vida de uno de los huérfanos aplicando remedios «de sentido común» durante veinticuatro horas consecutivas, después de que el médico hubiera declarado el caso sin esperanza. Su presencia de ánimo y su eficiencia, combinadas con su dulzura, consiguieron consolar a muchos. La amarga experiencia y la entrega total de aquellos días se consideraron una preparación suficiente para que la Madre

---

aunque, como tesorera de St. Michael, la Madre Hardey le enviaba dinero regularmente a St. Louis.

15 *Vie*, 45.
16 *Vie*, 40.

Hardey hiciera su profesión perpetua el 19 de julio. La Madre Audé describe la ceremonia de profesión a la Madre Barat como «un destello de felicidad tras los días tristes que acababa de pasar».[17] La tensión de este difícil momento había sido grande para la Madre Audé, pero por votación de las religiosas de América, fue nombrada asistente general en 1834, para visitar todas las casas e informar a París. Una vez allí, no regresó, por motivos de salud.[18]

Su partida dejó a San Miguel sin superiora. La Madre Audé había recomendado a Aloysia para el cargo, ya que poseía «prudencia, virtud, talento, todo lo necesario para estar al frente, si se pasa por alto su edad».[19] Pero la Madre Barat consideró que veintitrés años era una edad demasiado temprana y, en su lugar, se le asignó el cargo de asistente de la Madre Julie Bazire,[20] además de los cargos que ya ocupaba: maestra general, tesorera y maestra de clase.

PROBLEMAS

Estaba a punto de estallar un conflicto con los administradores de la parroquia de San Miguel. El resentimiento hacia el convento podía deberse al hecho de que la ciudad y la parroquia nunca habían sido tan prósperas como la escuela. Fuera cual fuera la causa, los administradores se opusieron a la construcción de un muro en los terrenos de la iglesia, entre el convento y la iglesia

---

17 *Vie*, 48.

18 Sin embargo, fundó la casa en Marsella y pasó a ser superiora en la Trinità dei Monti en Roma, donde murió en 1842.

19 *Vie*, 48.

20 Julie Bazire (1806-1883) ingresó en la Sociedad en Francia y llegó a América en 1829. Después de ser superiora en LaFourche, luego en St. Michael y luego en Grand Coteau, regresó a Francia y abandonó la Sociedad.

adyacente, para formar una especie de claustro para las religiosas. Los administradores acusaron a la madre Bazire y a la madre Hardey de sacrilegio, entre otras cosas. Se envió a unos cincuenta hombres para derribar el muro ofensivo y se citó a las dos religiosas ante los tribunales. Sin embargo, antes de que se celebrara el juicio, se convenció a los administradores para que se disculparan y prometieran al convento la tenencia hasta que se obtuviera una ubicación adecuada para la ahora floreciente escuela.

Pronto hubo que sustituir a la madre Bazire como superiora. Aloysia había hecho su profesión perpetua el 19 de julio de 1833, por lo que podía ocupar ese cargo. En aquel momento escribió a la madre Audé: «Aprenderemos a ser más prudentes y circunspectas para mantener a raya cualquier queja».[21] Era prudente, pero no lo suficiente.

Inexperta, tendía a confiar demasiado en los demás. Ese mismo año se iba a subastar una propiedad muy codiciada. Actuó con rapidez para comprar la finca Landry para una nueva escuela. Planeó un edificio de proporciones espléndidas, lo suficientemente grande como para albergar a 300 alumnos. Al enterarse de ello, el obispo Anthony Blanc, de Nueva Orleans, expresó su desaprobación por el tamaño del edificio y prohibió su construcción, ya que temía una competencia desfavorable con la escuela de las Ursulinas de su ciudad. La madre Hardey recurrió a la madre Barat, cuya desafortunada respuesta fue copiada por un «amigo del convento» de confianza y mostrada al obispo. En ella, la Madre Barat amenazaba con retirar a todas sus religiosas de su diócesis si el obispo continuaba con sus objeciones, ya que su trabajo en la

---

21 En una carta a la Madre Hardey en 1844, la Madre Barat insta a la mayor severidad en la recepción de novicias y a la atención a su formación. Recuerda la imprudencia de la Madre Hardey en St. Michael cuando «mantuvo durante tanto tiempo a un lobo cruel» en su redil.

Iglesia se vería restringido.[22] El obispo Blanc se enfrentó a la Madre Hardey con la carta, denunciándola airadamente a ella, a la Madre Barat y a toda la Sociedad del Sagrado Corazón. Por una vez, la Madre Hardey perdió la calma y el control, y lloró sin contenerse.[23] Más tarde, el obispo se apaciguó y permitió que la nueva escuela continuara según lo previsto. Aún no estaba terminada cuando la madre Hardey fue llamada a Nueva York para fundar allí una nueva comunidad. Su trabajo en St. Michael había sido coronado por el éxito, aunque había supuesto mucho sufrimiento. Antes de marcharse, se resolvió a favor de la Sociedad una demanda sobre la propiedad de Landry.

La escuela prosperaba. Muchas de las novicias que se formaban allí honraban el espíritu que habían recibido.[24] La madre Hardey había madurado gracias a sus experiencias. Había aprendido a tratar con la gente y a afrontar situaciones difíciles. Durante todo ese tiempo, había contado con la orientación de la madre Barat.

MADRE BARAT

Durante sus primeros años como superiora, la Madre Hardey se sentía muy sola y acudía a la Madre Barat en París en busca de consejo y fortaleza. Una carta suya «me da valor para todo un mes», escribió el 12 de julio de 1837. La correspondencia entre ellas había comenzado de manera algo formal en 1834, cuando

---

22 «Debemos ser libres para seguir nuestra vocación; los obispos deben apoyarnos en una buena obra, no limitarla». Madre Barat a Madre Hardey, 30 de octubre de 1837.

23 *Vie*, 70.

24 Entre las personas formadas por la Madre Hardey en St. Michael se encontraban: Susannah Boudreau, que fundó la primera casa de la Sociedad en Nueva Zelanda en 1880; Margaret Gallwey y Rose Gauthreaux, que se convirtieron en vicarias del Oeste; Mary Frances Peacock, que ayudó a fundar el convento de Halifax; y Ellen Jennings, que dirigió el primer convento del Sagrado Corazón en Albany, Nueva York.

Aloysia le dio cuenta de su cargo como asistente, pero cuando aceptó el de superiora dos años más tarde, se sentía completamente a gusto. Superando su renuencia a asumir la carga del gobierno, había escrito: «No me resistiré más. Como verdadera estadounidense, le prometo que, si para tener éxito solo tengo que seguir sus consejos, le aseguro de antemano el éxito» (5 de diciembre de 1836).

Era completamente abierta y franca en sus cartas, y las respuestas de la Madre Barat lo eran igualmente. «Me encanta la sencillez y la confianza con la que me trata», escribió la Madre Barat (9 de enero de 1838), y más tarde, tras el problema con el obispo Blanc:

> La Divina Providencia permitió todas estas dificultades para ponernos a prueba... para unirme más a ti y a su casa. Tu eres la primera hija americana del Sagrado Corazón y mía. Eso es suficiente. Además, naturalmente amo tu país y sus excelentes cualidades. Siempre nos llevaremos bien. Así que no te preocupes por lo que oigas; ninguno de estos rumores me impresiona lo más mínimo. Acudiré a ti para que me aclare las cosas y permaneceré en paz (26 de febrero de 1838).

Ese mismo año, la Madre Barat había expresado su satisfacción por la forma en que la Madre Hardey ejercía su autoridad: «Me gusta tu estilo de gobierno. Me parece que viene de Dios» (9 de enero de 1838). Ese mismo año, la Madre Barat escribió en dos ocasiones sobre su deseo de una fuerte unión en la Sociedad entre el Viejo Mundo y el Nuevo, pidiendo que se enviaran dos novicias con talento de América al noviciado francés para que «los lazos ya íntimos que nos unen se fortalezcan aún más y así perpetúen nuestro espíritu, que debe ser el mismo en todas partes si queremos ser mundiales».[25]

Se dio cuenta de que las necesidades de América requerirían adaptaciones, pero el espíritu debía ser el mismo: «Deseo ardientemente que la Sociedad se fortalezca en América, que se fundamente en un verdadero espíritu religioso, un espíritu que no asuste a los demás» (1 de marzo de 1840). La Madre Hardey aprendió ese espíritu primero de la Madre Audé en Grand Coteau y St. Michael, y a través de muchas adaptaciones, lo mantuvo intacto. La Madre Barat contaba con ella para hacerlo: «Tú eres la primera en mis pensamientos», le escribió en 1840.

NUEVOS DECRETOS

En 1839, el Consejo General aprobó nuevos y controvertidos decretos. Estos amenazaban con dividir la Sociedad, ya que muchos se oponían firmemente a ellos. En la lejana América, la Madre Hardey intentó aceptarlos lealmente: «Siempre me ha parecido que nada podía ser más perfecto que nuestras *Constituciones*, que sería imposible mejorarlas, pero ahora veo que los cambios que se han introducido son exactamente lo que se necesitaba».[26]

La Madre Barat se alegró de su prisa por obedecer: «¡Qué consuelo me ha dado su sumisión al aceptar y poner en práctica los Decretos!».[27] Hizo incluir la carta de la Madre Hardey en las *Lettres annuelles* de 1839, añadiendo un homenaje al convento de

---

25   A lo largo de los años siguientes, la Madre Hardey envió a varias novicias y aspirantes estadounidenses a Conflans y otras casas francesas. La Madre Barat no siempre quedó impresionada con la selección.

26   Williams, *Second Sowing*, 151-152, cita sin fuente.

27   Madre Barat a Madre Hardey, 14 de mayo de 1840.

San Miguel. La Madre Elisabeth Galitzine había sido enviada a América para presentar los decretos, y la Madre Barat aconsejó a la Madre Hardey que se esforzara por compartir plenamente sus opiniones. Al mismo tiempo, le dijo que diera a conocer las costumbres en uso y los inconvenientes que podrían surgir al adoptar los decretos. Lo que la Madre Hardey no sabía en ese momento era que la propia Madre Barat tenía dudas sobre los decretos y los cambios que traerían consigo, pero que, con su paciente sabiduría, estaba permitiendo que sus defensores los probasen de forma experimental.[28]

La Madre Galitzine, una princesa rusa criada en la Iglesia Ortodoxa Rusa, ahora asistente general de la Sociedad, despertaba un curioso interés allá donde iba en Estados Unidos. La Madre Hardey temía la dura prueba de reunirse con ella, incluso como representante de la Madre Barat. Pero la sencillez de la Madre Galitzine disipó su temor. A la Madre Hardey le gustó su franqueza y, al principio, se sintió conquistada por su sinceridad inquebrantable. Solo más tarde se dio cuenta y sufrió durante muchos años las consecuencias de la acción impetuosa y la falta de sabiduría de la Madre Galitzine.[29] Le tocó a la Madre Hardey revertir las decisiones de la Madre Galitzine. Tuvo que trasladar el noviciado de McSherrystown, Pensilvania, donde lo había establecido la Madre Galitzine, debido a los continuos casos

---

28 Para un relato de las complejas relaciones que siguieron, véase Jeanne de Charry, RSCJ, *The Canonical and Legal Evolution of the Society of the Sacred Heart of Jesus from 1827 to 1853* (Roma, 1991), pp. 4-15.

29 Por ejemplo, en Nueva York, la Madre Galitzine, sin saberlo, contrajo una gran deuda para la Sociedad. Llegaron al convento de Nueva York cajas sin identificar con vestimentas y otras cosas procedentes de Europa. Ella supuso que eran regalos para las «misiones americanas» y se le dijo a la Madre Hardey que las desechara de inmediato, aunque ella instó a que se retrasara. Finalmente, M. Montravel vino a reclamar su propiedad y la Madre Hardey tuvo que pagar su valor, 10 000 francos. Esto le llevó años y le recordó constantemente la imprudente acción de la Madre Galitzine.

mortales de tuberculosis que se producían allí. La Madre Galitzine había decidido cerrar St. Charles, lo que casi le rompió el corazón a la valiente Madre Duchesne, pero la Madre Hardey insistió en que se mantuviera como escuela diurna, y la Madre Barat estuvo de acuerdo con ella. Mientras tanto, la Madre Galitzine estaba planeando una fundación en Nueva York y necesitaba la ayuda de la Madre Hardey.

J.C.J.M.

New-York, 23 Janvier 43.

Ma très Révérée Mère,

Il n'y a que deux jours que je vous sais à Paris et vous y êtes depuis Novembre. Quel dommage que je ne l'aie pas su plustôt, je viens de vous adresser un paquet de lettres à la Ferrandière. Ma révérée Mère, je n'ai point eu une seulement de vos lettres, mais même de vos nouvelles depuis que j'ai quitté la France, je ne puis vous dire combien je souffre de cette privation. Ma mère Galitzine nous laisse aussi sans nouvelle de sa sorte, pourtant elle était bien nous avons quand nous quittâmes la France.

Ma Révérende Mère, je ne sais vraiment quelle réponse donner à cette question qui m'a été adressée par plusieurs de nos Mères Supérieures. "Nous attendons toujours les décisions du conseil, car nous ne savons sur quel pied fonder, faut-il continuer à nous servir de la nouvelle règle? Jusqu'à présent je n'ai point voulu en écrire, par la crainte de me trouver en contradiction avec ma mère Provinciale, et j'espère que Notre Seigneur me fera la grâce de ne m'y trouver jamais plus. Il m'a bien fait sentir une faute à cet égard, je me suis tout à fait changée en cela. Il y a une autre chose que j'ai entendue à Philadelphie et qu'il est peut-être bon que je vous dise. Vous avez entendu parler de ce fameux ministre Protestant, Monsieur Connolly, qui s'est converti il y a quelques années et qui aussi bien que sa femme donnaient des leçons dans notre maison du Grand Coteau. Mr Connolly est depuis quelques mois à Rome, et l'on prétend qu'il y travaille à obtenir une séparation de sa femme pour se faire Jésuite. Ses pères ne contredisent point ce bruit. Mais j'ai cru devoir contredire, surtout vis-à-vis de sa famille toute protestante, que sa femme avait été reçue chez nous. Ils nous blâmeraient, les protestants

Aloysia Hardey a Madre Barat, 23 de enero de 1843. Entre otras cosas, expresa la confusión de las RSCJ en América sobre los nuevos decretos de 1839, página 1.

Aloysia Hardey a Madre Barat, 23 de enero de 1843. Entre otras cosas, expresa la confusión de las RSCJ en América sobre los nuevos decretos de 1839, página 2.

Aloysia Hardey a Madre Barat, 23 de enero de 1843. Entre otras cosas, expresa la confusión de las RSCJ en América sobre los nuevos decretos de 1839, página 3.

Aloysia Hardey a Madre Barat, 23 de enero de 1843. Entre otras cosas, expresa la confusión de las RSCJ en América sobre los nuevos decretos de 1839, página 4.

3

NUEVA YORK Y FRANCIA

NUEVA YORK

En **1841,** la Madre Hardey fue llamada a Nueva York para unirse a la Madre Galitzine y al grupo de fundadoras que iban a abrir un convento allí. Tras viajar durante una semana por Cincinnati y Filadelfia, en diligencia y barco de vapor, llegaron a Nueva York el 17 de mayo. El obispo John Hughes[30] había seleccionado para ellas una casa en Houston Street, una antigua escuela convertida en pensión, cuya propietaria seguía alquilando habitaciones incluso después de que la Madre Hardey y algunas religiosas ocuparan las que estaban vacías. A medida que los huéspedes desocupaban una habitación, las religiosas la ocupaban y limpiaban, hasta que finalmente se convirtió en suya. El 3 de junio, la Madre Galitzine y las demás religiosas dejaron la hospitalidad de las Hermanas de la Caridad para reunirse con las que ya se habían instalado allí. La nueva escuela creció bajo el cuidado de la Madre

---

30 John Hughes (1797-1864), nacido en Irlanda, emigró a los Estados Unidos en 1817, fue ordenado sacerdote en 1826 y fue obispo y arzobispo de Nueva York entre 1842 y 1864, una época de enorme crecimiento de la Iglesia en esa ciudad.

Hardey, y la Madre Galitzine tuvo la oportunidad de formarse una opinión sobre sus dones.[31]

Houston St., 1841, primera fundación en Nueva York.

En 1842, la Madre Hardey fue elegida para acompañar a la Madre Galitzine al Consejo General que pondría fin a los tres años de experimentación con los decretos de 1839. La Madre Barat escribió con fervor a la Madre Hardey: «¡Aférrate al tronco del árbol, sin importar lo que puedas oír! Hazme saber tus dudas, tu inquietud, porque siempre nos entenderemos». Repitió su deseo de visitar América: «Me gustaría mucho verte y quedarme contigo unos meses. Pero ya no puedo esperar hacer el viaje. Soy demasiado mayor. Sin embargo, quiero conocer a mi primera hija americana».[32]

---

31 La primera alumna de la casa de Nueva York fue Margaret Dunne, que fue aceptada *gratuitamente*. Nacida en Brooklyn en 1829, más tarde se convirtió en religiosa del Sagrado Corazón. Profesó en Manhattanville en 1850, pasó a ser fundadora en Omaha y murió en Kenwood en 1893.

32 Cartas del 16 de mayo de 1839 y del 15 de junio de 1841.

La Madre Hardey esperaba con gran ilusión conocer a la Madre Barat y tenía la esperanza de volver a ver a la Madre Audé.

FRANCIA

La Madre Hardey pudo zarpar hacia Francia en primavera, cuando la Madre Bathilde Sallion llegó a Nueva York para hacerse cargo de la escuela en su ausencia.[33] No volvió a ver a la Madre Audé, ya que la noticia de su muerte llegó poco antes de su partida. Pero por fin conocería a la Madre Barat. Fue en Lyon donde las viajeras se encontraron, ya que había ido a esa ciudad para convocar el Consejo. La Madre Hardey se sintió intimidada cuando le presentaron a la Madre Barat, quien la saludó con cariño y, al abrazar a la joven de treinta y un años, que pronto se haría cargo de todas las casas americanas, exclamó: «¡Es muy joven!».[34]

Aunque la mayoría de las superioras de la Sociedad habían llegado a Lyon para el Consejo, el arzobispo Denys Affre de París prohibió que se celebrara. La situación era compleja desde el punto de vista político y eclesiástico, pero uno de los motivos de la prohibición fue probablemente el temor a que el Consejo llevara a cabo la decisión ya tomada en 1839 de trasladar la casa madre de la Sociedad de su ciudad a Roma. Así que no hubo concilio, pero la madre Barat pidió al padre Joseph Barelle, S.J., que predicara un retiro sobre la vida interior para las consejeras reunidas.

Más tarde dijo al respecto: «Nunca había oído un retiro como

---

33 En diciembre de 1842, la Madre Sallion se trasladó a Canadá para fundar St. Jacques de l'Achigan. La Madre Galitzine había visitado el lugar en septiembre del año anterior, y ni ella ni la Madre Hardey se dieron cuenta de lo que supondría viajar a Canadá en invierno, tanto en términos de peligro como de sufrimiento. Bathilde Sallion, RSCJ (1791-1875), ingresó en la Sociedad en París en 1828, llegó a América en 1841 y fue tesorera de muchas de las casas americanas antes de regresar a Francia en 1852.

34 *Vie*, p. 91.

ese. Sentimos que Dios nos había concedido una comunicación especial de luz y gracia en estas necesidades apremiantes de la Sociedad».[35]

El tema del retiro impresionó profundamente a la Madre Hardey y supuso un punto de inflexión en su vida espiritual. Nunca antes, en todos sus años de intensa actividad, había tenido un tiempo tan dedicado a la reflexión y a la profundización en la oración. Ahora, en Lyon, compensó la falta de un noviciado y un período de prueba «tradicionales», que solían proporcionar meses de reflexión en oración, alejados de la actividad ordinaria. Aquí tenía a la Madre Barat para aconsejarla. Sin embargo, a su regreso a Nueva York, la Madre Hardey sintió más que nunca la falta de dirección espiritual. Echaba de menos a la Madre Barat: «Las cartas tardan un siglo en llegar», escribió.[36]

El consejo del obispo Hughes siempre había sido: «Haz lo que te dicte el sentido común». Pero el padre Barelle añadía otra dimensión cuando escribía: «Reza, reflexiona y luego actúa por Dios y su gloria», y más tarde: «Déjate guiar desde dentro por el Espíritu de Nuestro Señor». Era este mensaje de vida interior el que ella, a su vez, transmitiría a sus comunidades.

---

35 Baunard, 137.

36 23 de enero de 1843. Probablemente no sabía que el tiempo de entrega se había reducido considerablemente desde los seis meses de los primeros años de Filipina, a solo uno o dos meses en ese momento entre París y Nueva York.

4

RESPONSABILIDAD

VISITADORA

Antes del fallido Consejo de 1842, la Madre Galitzine sugirió a la Madre Hardey como sustituta suya como provincial.[37] Escribió a la Madre Barat: «Si la nombras provincial a su regreso a América, la nominación será recibida favorablemente en todas nuestras casas. Nuestras comunidades tienen la más alta opinión de sus méritos: goza de estima universal». La estima de la Madre Duchesne se valoraba por encima de todas las demás: «La Madre Hardey sería mi elección», escribió, sugiriendo a la Madre Boilvin: «Sería una mayor satisfacción tanto fuera como dentro de los conventos si tuviéramos una provincial que fuera estadounidense de nacimiento y lengua».[38]

Por consiguiente, cuando la Madre Galitzine murió de fiebre amarilla en St. Michael en diciembre de 1843, la Madre Hardey fue nombrada visitadora (representante oficial de la superiora general) y se le encomendaron todas las casas americanas. Al año

---

37 El cargo de provincial fue una de las innovaciones de los nuevos decretos de 1839 que no perduró tras su revocación. En su lugar, en 1851 se instituyeron las vicarias superioras que permanecieron en el cargo hasta 1967-1970.

38 Filipina Duchesne a Adeline Boilvin, RSCJ, 6 de enero de 1844.

siguiente compartió sus responsabilidades con la Madre Maria Cutts, que se convirtió en visitadora del Oeste, mientras que ella conservaba la jurisdicción sobre los conventos del Este de los Estados Unidos y Canadá. De nuevo, en 1872, sería nombrada visitadora de las casas de América del Norte antes de ir a París como asistente general.

PELIGRO

1844 fue el año de la persecución estadounidense contra los católicos. Hubo destrucción de vidas y propiedades en Filadelfia; hubo disturbios en Nueva York. En una animada carta desde Nueva York, la Madre Hardey describe a la Madre Barat

> los horribles acontecimientos que ocurrieron en Filadelfia y que la gente temía y aún teme que se repitan en esta ciudad. Me refiero a la masacre casi generalizada de católicos y la destrucción de iglesias. Los sacerdotes se vieron obligados a disfrazarse y huir... Todas las iglesias fueron cerradas o utilizadas por los soldados, ya que la ciudad está bajo ley marcial.

Describe la única pared de la iglesia agustina que aún se mantiene en pie con su inscripción, «Dios te ve», y luego continúa:

> Se ha restablecido la paz... ahora se teme por nuestra ciudad. Varios padres retiraron a sus hijos; otros los dejaron allí para garantizar nuestra seguridad. Durante varias noches nos mantuvimos preparadas para abandonar la casa en caso de ataque, pero hasta ahora la agitación no ha degenerado en violencia. La opinión

general es que el peligro para nosotras solo proviene de nuestra proximidad a la catedral... No he tenido ni un momento de miedo... durante esas noches en las que aparentemente esperábamos la muerte, no sentí el más mínimo temor. ¿Por qué?[39]

ASTORIA

El peligro de más disturbios pudo haber motivado el rápido traslado de la escuela de la calle Houston a una propiedad rural en Astoria. En cualquier caso, Ravenswood, «la propiedad más bonita a cinco millas de Nueva York», abrió sus puertas el 12 de septiembre de 1844. La nueva ubicación era atractiva, frente al East River, pero resultó algo inaccesible, y en tres años la casa se quedó pequeña para el número cada vez mayor de alumnas y novicias.

MANHATTANVILLE

La codiciada finca Lorillard en Manhattanville estaba en venta.

El obispo Hughes, en una visita a París en 1846, convenció a la Madre Barat de la conveniencia de realizar otra mudanza para la casa de Nueva York. El mismo día de su regreso de Europa, le comunicó personalmente a la Madre Hardey la noticia de su aprobación. Así que la propiedad fue comprada después de que el precio se redujera gracias a la novena de oración de las religiosas y las estudiantes, y de que un miembro de la familia Lorillard que se oponía a la venta falleciera repentinamente. El obispo Hughes comentó: «Tengan cuidado de no oponerse a los deseos de la madre Hardey, porque si es necesario, les matará con sus

---

39 A Madre Barat, 15 de mayo de 1844.

novenas».⁴⁰ El convento del Sagrado Corazón se trasladó inmediatamente a Manhattanville. Permaneció allí durante más de un siglo.

Manhattanville, Nueva York, 1847

Con las nuevas responsabilidades de visitadora, la madre Hardey conservó el cargo de directora general del internado de Manhattanville y siguió cada detalle de la vida escolar. La matrícula siguió creciendo a medida que se conocía la excelencia de la escuela; en diez años había alcanzado las doscientas alumnas. En Estados Unidos fue necesario modificar algunas normas de los internados franceses. Se permitió a los padres visitar más frecuentemente y sacar a sus hijas una vez al mes. Pero cada cambio que se hacía suscitaba críticas. Se criticaba la «mezcla» más democrática en las escuelas; se criticaba⁴¹ la mundanalidad de algunas de las antiguas

---

40 Williams, *Second Sowing*, p. 240.

41 Una carta del 26 de enero de 1846 explica a la Madre Barat la ausencia de distinciones de clase en Estados Unidos, algo que ella había estado escuchando de Philippine desde el comienzo de la misión.

alumnas de Astoria; se criticaba la vestimenta secular que llevaba la Madre Hardey cuando viajaba de Manhattanville a la escuela diurna que se había abierto en Bleecker Street.

Algunos se escandalizaron por su medio de transporte. Era demasiado pobre para tener un carruaje o incluso para pagar el billete de autobús, por lo que a menudo viajaba en el carro de un carnicero o junto a un granjero que llevaba sus productos al centro de la ciudad.[42] Tras explicar sus acciones a la madre Barat, sonreía ante tales críticas y continuaba sus viajes por la gloria del Sagrado Corazón.

RUMORES

Poco después del traslado a Manhattanville, la madre Hardey acondicionó uno de los edificios para convertirlo en una escuela parroquial, aunque todavía no había parroquia. Más tarde, a petición del obispo Hughes, aceptó hacerse cargo de un grupo de huérfanos, ya que las Hermanas de la Caridad, cuya labor habitual era esa, no podían acogerlos. Como no era la labor habitual de la Sociedad, también suscitó críticas. En ese momento, las Hermanas de la Caridad de Nueva York se habían separado del grupo de Emmitsburg que se había unido a las Hijas de la Caridad francesas, creando así una rama estadounidense. Comenzó a correr el rumor de que la Madre Hardey planeaba hacer lo mismo con la Sociedad del Sagrado Corazón. Era un rumor completamente infundado y fue motivo de gran dolor para la Madre Hardey. Su principal objetivo desde los primeros días de su vida religiosa había sido mantener una estrecha unión entre los conventos estadounidenses

---

42   La Madre Hardey dijo: «Con el velo sobre el rostro, puedo pasar por la esposa de un granjero». Williams, p. 269.

y la casa madre en París. Esto era bien sabido por la Madre Barat, quien le escribió para consolarla: «Te conozco a fondo y lo que más me convence es tu sincero apego a la Sociedad. Por lo demás, sabes que las personas no son perfectas y que todos debemos ser indulgentes unos con otros».[43] Que alguien pudiera sospechar que ella se separaría de la casa madre fue uno de los mayores sufrimientos de su vida, admitió más tarde la Madre Hardey.

Cuando se completó el traslado de Astoria a Manhattanville en febrero de 1847, se abrieron dos casas más y se aceptaron más solicitudes de fundaciones. En marzo, las religiosas de Filadelfia se trasladaron fuera de la ciudad a la nueva propiedad de Eden Hall. En Canadá, se abrió Saint-Vincent, cerca de Montreal, como internado. Hubo solicitudes de fundaciones por parte del obispo William Walsh de Halifax cuando visitó la ciudad en octubre, y por parte del obispo John McCloskey de Albany cuando vino a Manhattanville en noviembre.[44] La madre Hardey no pudo negarse. Comprensiblemente, escribió a la madre Barat: «No puedo hacer todo lo que deseo a pesar de levantarme a las 4:00. Hay mil cosas que sufren».[45] La madre Barat hizo lo que pudo para enviarle ayuda. «Eres la primera en mis pensamientos», le había escrito. Ahora le escribía: «Si fuera más joven y pudiera soportar un largo viaje, correría a verte y a todas nuestras queridas casas americanas. Deseo inútil; solo en el cielo estaremos juntas».[46]

---

43 31 de enero de 1853.

44 William Walsh (1804-1858) asistió al seminario de Maynooth en Irlanda y fue ordenado allí en 1828. Fue el primer obispo y más tarde arzobispo de Halifax cuando la diócesis de Nueva Escocia se dividió en dos en 1844. John McCloskey (1810-1885) fue obispo de Albany entre 1847 y 1864, y luego sucedió al arzobispo Hughes como el primer arzobispo de Nueva York nacido en Estados Unidos en 1864.

45 6 de abril de 1847.

46 1 de marzo de 1840 y 27 de abril de 1847.

Pero pudo enviar a la madre Marie Thérèse Trincano como maestra de novicias para relevar a la madre Hardey al menos de esa responsabilidad. Esta religiosa se convertiría en su leal amiga y apoyo de confianza, su «segundo yo», en cuya ayuda podía confiar para las fundaciones que le esperaban en Buffalo, Detroit y Canadá.

REFUGIADOS

Europa se vio sacudida por las revoluciones de 1848. Los gobiernos anticatólicos expulsaron a las Religiosas del Sagrado Corazón de Italia y Suiza. La violencia en Francia amenazaba la casa madre en París. La Madre Hardey ofreció a la Madre Barat un lugar de refugio en Nueva York, rezando para que el Corazón de Jesús «la trajera aquí», donde estaría «perfectamente en paz». Expresó su esperanza de que más refugiados llegaran a América, aconsejando a las religiosas que viajaran vestidas de civil y utilizaran el título de señora o señorita. Anhelaba especialmente una comunicación rápida, un «telégrafo transoceánico» que la mantuviera informada. A la Madre Hardey le habrían encantado los contactos electrónicos instantáneos del siglo XX.

5

FUNDACIONES

FUNDACIONES

Cuando pasó la amenaza para París y las revoluciones en Europa se calmaron, la ansiedad de la Madre Hardey dio paso a un intenso trabajo, ya que organizó la fundación de seis conventos en otros tantos años. Esto supuso un sacrificio de personal para Manhattanville y una agenda aún más apretada de planificación y viajes para ella. Fue una época angustiosa, un periodo de epidemias incontroladas de cólera y fiebres en muchas ciudades estadounidenses, y varios de los conventos recién fundados se vieron afectados.

En 1849, la madre Hardey acompañó a los fundadores a Halifax en su viaje en barco de tres días desde Nueva York.[47]

---

47 Cuando en 1850 una epidemia de escarlatina obligó a la madre Mary Frances Peacock a trasladar el convento de Halifax sin esperar su aprobación, la madre Hardey la elogió por actuar con rapidez en esta emergencia. Ella misma había recibido amplia libertad de acción por parte de la madre Barat (Garvey, p. 139). La madre Peacock era hermana de la señora Cornelia Connelly, que había vivido con su familia en Grand Coteau cuando la madre Hardey estaba en Luisiana. Cuando la Sra. Connelly estaba probando su vocación religiosa en la Trinità dei Monti de Roma, la Madre Hardey aconsejó a la Madre Barat: «La Sra. Connelly está más capacitada para fundar una nueva orden que para ingresar en una ya existente». Más tarde, fundó la Sociedad del Santo Niño Jesús (Williams, *Second Sowing*, p. 308).

S. CŒUR. HALIFAX. N. SCOTIA..

Halifax, Nova Scotia, 1849

Fundado ese mismo año, el convento de Buffalo sufrió más que ningún otro la epidemia de cólera de 1852, que se cobró la vida de cuatro religiosas y dejó a su paso una gran pobreza.[48] Tres años más tarde, la malograda academia se trasladó a Rochester, donde prosperó durante más de cien años. La casa de Detroit, también fundada en 1849, se enfrentó a problemas legales y episcopales. Las religiosas se mudaron cuatro veces antes de establecerse en 1856.[49] La casa de Albany, fundada en 1852, también se trasladó a otra

---

48 Las visitas de la Madre Hardey, con su ayuda económica y su inspiración espiritual, «nos infundieron un nuevo valor», señala la cronista en el diario de la casa de Buffalo. Tanto ella como la Madre du Rousier visitaron el convento afectado durante la epidemia de cólera.

49 La fundación de Detroit no se estableció hasta diez años después. Los herederos de Beaubien impugnaron ante los tribunales la donación del terreno al convento. Una de las condiciones de esta donación era que las religiosas se ocuparan de un grupo de huérfanos. Necesitaban una academia para mantener a los huérfanos, pero el obispo Peter Lefèvre quería una escuela gratuita, no una academia. En un intento por lograr su objetivo, privó al convento de la misa y de la reserva del Santísimo Sacramento. Solo una carta de la Madre Barat desde París logró la reconciliación. Los huérfanos fueron trasladados a un nuevo convento al otro lado del río, en Sandwich, Ontario. Se construyó una escuela gratuita cerca de la academia en Jefferson Avenue, en Detroit. En 1859, el convento de Sandwich se trasladó a London, Ontario.

ubicación hasta que, en 1859, se compró la hermosa finca Rathbone de Kenwood. La Madre Hardey tenía grandes esperanzas puestas en Kenwood y, unos años más tarde, planeaba construir un nuevo edificio lo suficientemente espacioso como para albergar el noviciado de Nueva York y un gran internado. Mientras tanto, la nueva ala y la capilla de Manhattanville se terminaron en 1850, y la capilla de Eden Hall se inauguró en 1851. La Madre Trincano sintió que la bendición especial de Dios estaba sobre la obra de la Madre Hardey cuando escribió a la Madre Barat en septiembre de 1851: «Dios bendice la obra de la Madre Hardey de manera especial; su caridad, su espíritu de oración, todas las virtudes de las que nos da ejemplo, atraen necesariamente la bendición del Corazón de Jesús».

Tras el Consejo General de 1851, que creó el cargo de vicaria superiora, el título de la Madre Hardey pasó a ser el de vicaria del este de Estados Unidos y Canadá, pero conservó los cargos de superiora, maestra general, tesorera y, una vez más, maestra de novicias en Manhattanville. Cuando falleció la Madre Margaret Donnelly, también tuvo que sustituirla en la enseñanza de una clase. Fue en vano que la Madre Barat le instara a dividir su trabajo. No había nadie más que pudiera hacerlo.

MADRE ANA DU ROUSIER

Después del Consejo de 1851, la Madre Ana du Rousier fue enviada como vicaria para visitar las casas de América del Norte e informar a la Madre Barat.[50] Encontró Manhattanville en una

---

50 Es posible que la Madre Barat pensara que una misión en el Nuevo Mundo era lo que la Madre du Rousier necesitaba en ese momento. Había disfrutado de un gran éxito como provincial de Turín hasta que una revolución derrocó la monarquía. Entonces sufrió calumnias y persecuciones, y se vio obligada a huir con el resto de las Religiosas del Sagrado Corazón. En París, durante los años siguientes, fracasó como maestra general de

ubicación preciosa. «Nos honraría incluso en Francia», escribió a la Madre Barat. Pero las pequeñas casas de Albany y Buffalo debieron de ser un contraste sorprendente con los conventos de París. Su informe a Madre Barat no fue del todo favorable. Juzgó a las religiosas reservadas; solo las de Francia eran abiertas y francas con ella, sin duda ayudadas por la capacidad de comunicarse con ella en su propio idioma. Criticó el gobierno y la formación de las jóvenes hermanas por parte de Madre Hardey; se opuso a que ocupara tantos cargos; desaprobó la concentración de casas en el estado de Nueva York. En enero de 1853, sus quejas públicas estaban causando tal sufrimiento a la Madre Hardey que la Madre Barat le escribió para animarla y consolarla. En Nueva York, la Madre Hardey y la Madre du Rousier debían de presentar un gran contraste: la Madre Hardey, alta, de aspecto atractivo, una «encantadora», como afirma su primer biógrafo; la Madre du Rousier, pequeña, ligeramente deforme, con un hombro notablemente más alto que el otro, que necesitaba un intérprete en todas sus relaciones con los estadounidenses. La Madre Hardey apreciaba la dificultad de la situación de la Madre du Rousier: «Su dedicación a nuestra misión es tan grande como difícil es su posición». Probablemente eran incompatibles en cuanto a temperamento, como sugieren las cartas posteriores. Fue difícil para ambas. Pero la Madre du Rousier solo permaneció un año, antes de continuar hacia Chile para establecer la Sociedad del Sagrado Corazón en Sudamérica.[51]

---

la Rue de Varennes. La Madre Barat escribió a la Madre Hardey cuando la Madre du Rousier comenzaba su visita, sin duda anticipando cierta tensión entre ellas: «No puedo repetir lo suficiente el consejo que te di al partir, que seas una con tu Madre Vicaria, que te sientas a gusto con ella y que le des toda tu confianza; confía en que el mayor bien y prosperidad de tus casas será el resultado» (29 de junio de 1852).

51 *Vie*, p. 78. 14 de noviembre de 1856. La carta de la Madre Hardey a la Madre Adèle

CANSANCIO

Mientras tanto, los asuntos financieros requerían el tiempo y la atención de la Madre Hardey, ya que el ritmo de vida y de trabajo se aceleró en 1854. Sentía el peso de la responsabilidad como nunca antes, así como el dolor de la separación de amigos de confianza. Ahora tenía cuarenta y cinco años. Era una época de intenso cansancio físico y espiritual. Cuando la Madre Amélie Jouve fue enviada a Luisiana como vicaria, la Madre Hardey se quejó a la Madre Barat el 24 de marzo de 1855 de que le había quitado a su «única e íntima amiga, la persona a la que podía pedir consejo en secreto». En 1856, otra amiga, su asistente la Madre Trincano, fue enviada a Canadá como superiora. Algunas de las religiosas le causaban dolor.[52] Su propia hermana Mathilde estaba insatisfecha con todas las tareas que se le asignaban y finalmente abandonó la Sociedad.[53]

Las fundaciones continuaron. Tras una epidemia de cólera en St. John, Nuevo Brunswick, la Madre Hardey abrió un convento para cuidar de los huérfanos. En 1856, trasladó el internado de Saint-Vincent aún más cerca de Montreal, a Sault-au-Récollet. En Nueva York, construyó una hermosa «casa gótica» de piedra rojiza

---

Cahier, secretaria general, expresa su frustración por tener que someter las decisiones importantes a la Madre du Rousier, que residía en Chile: «¿Por qué no pospone la decisión sobre estas fundaciones hasta después del próximo Consejo? Si la Madre du Rousier no regresa, seguramente tendremos otra Madre Vicaria, y eso será satisfactorio en todos los sentidos». Ella misma se convirtió en Vicaria después del Consejo de 1864.

52   La Madre Hardey escribió sobre una persona a la que no conocía personalmente: «No es tan difícil como pensaba». Sobre otra escribió: «Es la santa más difícil y exigente que he visto. Nos convertirá en santas; eso es lo esencial». Se refería a Stanislas Tommasini (Hardey a la Madre Barat, 4 de abril de 1855).

53   Mathilde Hardey nació en 1813 en Maryland y se mudó con su familia a Luisiana, donde ingresó en la Sociedad en St. Michael en 1829. Allí profesó años más tarde y prestó servicio en varias casas antes de abandonar la Sociedad desde Rochester en 1864.

Pensionnat du Sacré-Cœur
Sault-au-Récollet (P. Q.)

Convent of the Sacred Heart
Sault-au-Récollet

Sault-au-Récollet, Montreal, 1856

en la calle 17 para la escuela diurna. «La casa es la más religiosa que conozco en Estados Unidos», escribió, un único edificio para la academia y la escuela gratuita, con ricos y pobres bajo el mismo techo.[54] Los vecinos que se habían opuesto a la construcción de un convento en la zona felicitaron a las religiosas por la magnífica escuela. Sin embargo, en aquella época hubo que rechazar una solicitud de fundación: la de Sacramento, California, aunque la Madre Hardey estaba a favor de aceptar la oferta de terreno para una escuela.[55]

---

54 Cuando en 1867 se necesitó más espacio para la escuela parroquial, la Madre Hardey utilizó parte de los fondos que había reservado para terminar Kenwood para construir un edificio escolar en la calle 17 (24 de marzo de 1855).

55 La Madre Hardey escribió a la Madre Barat: «Dado que el ferrocarril está terminado y el istmo se puede cruzar en cuatro horas en lugar de tres días, como cuando la Madre Vicaria fue a Chile, creo que nos equivocamos al rechazar una posición tan favorable, sobre todo porque el arzobispo solo pide la promesa de ir allí» (24 de marzo de 1855).

CUBA

En la misma década se creó otra fundación, la de La Habana, Cuba.[56] Casi le cuesta la vida a la Madre Hardey. La Madre Barat se había mostrado reacia a abrir una casa en la isla. El 9 de noviembre de 1857 escribió: «Me han dicho que los extranjeros son especialmente propensos a contraer la fiebre amarilla que cada año azota la isla... Es con el corazón tembloroso que te digo: "¡Ve, mi querida Aloysia!"». Su premonición resultó acertada. La Madre Hardey estuvo acompañada en este viaje por la Madre Stanislas Tommasini, que le sirvió de compañera e intérprete.[57] La Madre Hardey hizo nuevos amigos, encontró una casa adecuada, puso en marcha una campaña de recaudación de fondos, dotó a la escuela de una base financiera sólida y luego sucumbió a un ataque casi mortal de fiebre amarilla. Tardó tres meses en poder regresar a Nueva York, llegando, sin embargo, casi antes de que la noticia de su enfermedad llegara a Manhattanville.

EXCEPCIÓN

Cuando llegó a Nueva York una solicitud de misioneras para Chile, la Madre Hardey se ofreció voluntariamente para ir. La

---

56 La Madre Hardey vio las posibilidades de Cuba como balneario: «La ubicación también será deseable para las personas con problemas pulmonares. Muchos neoyorquinos prolongan su vida permaneciendo en La Habana durante varios meses» (19 de octubre de 1856). Una extraña contradicción con el temor a la omnipresente fiebre amarilla.

57 Maria Luigia Angelica Cipriana Stanislas Tommasini, nacida en Parma en 1827, llegó a Nueva York cuando su casa en Pignerol fue cerrada por la revolución de 1848. Enseñó español e italiano en Manhattanville durante veintitrés años y más tarde fue superiora en La Habana, vicaria en Canadá, superiora y maestra de novicias en el noviciado trilingüe de Grand Coteau y una de las fundadoras en México en 1883. Murió en Kenwood en 1913.

El Cerro, Havana, 1858

normalmente tranquila Madre Trincano se sintió tan molesta por esto que se lo comentó al obispo Hughes. La idea de que la Madre Hardey abandonara Nueva York llevó al obispo a escribir inmediatamente a la Madre Barat en París, enumerando cinco razones de peso por las que debía quedarse y suplicando una dispensa de cualquier norma que exigiera un cambio de superioras. Con una mezcla de fuerza y tacto, la Madre Barat respondió en enero de 1859:

> Me resulta imposible comprender cómo se le ha podido informar de un proyecto que yo no he contemplado... No hay regla sin excepción... Mil motivos autorizan esta, dada la peculiar situación en la que se encuentran nuestras casas en América. Conozco bien las capacidades y la dedicación, así como las virtudes de

nuestra buena Madre Hardey. Nadie puede apreciarlas más que yo.

Así que la Madre Hardey permaneció en Nueva York, marchándose solo tras la muerte de la Madre Barat y del obispo Hughes.

PARÍS

Todos esperaban que el Consejo General se reuniera en otoño de 1860. Así que ese verano, cuando la Madre Amélie Jouve, vicaria del Oeste, recibió la noticia mientras visitaba a la Madre Hardey en Nueva York de que debía apresurarse a ir a París, la Madre Hardey dio por sentado que ella también debía partir unos meses antes para asistir. Solo a su llegada a París descubrió que no era así. Sin embargo, esto no empañó la bienvenida que recibió y, durante varias semanas, en sus contactos con la Madre Barat, encontró la fuerza y el valor para afrontar el sufrimiento que le esperaba.

6

ENFERMEDAD Y GUERRA CIVIL

ENFERMEDAD

Durante el invierno de 1861, se produjeron una serie de trágicos acontecimientos en Manhattanville. Una de las alumnas falleció; un trabajador que realizaba tareas de construcción sufrió un accidente que le causó la muerte; una noche se produjo un incendio en la lavandería situada junto a la casa. Aunque estaba enferma, la madre Hardey veló por la seguridad de todos durante la noche del incendio, lo que provocó que su estado se agravara. Un derrame cerebral le paralizó el brazo derecho, impidiéndole escribir con la mano durante el resto de su vida. Esto supuso un sufrimiento profundo y constante para ella, aunque lo aceptó plenamente. «Es la voluntad de Dios», dijo.

Había mantenido una extensa correspondencia; ahora dependía de una secretaria para transmitir sus pensamientos y deseos por escrito. La Madre Barat comprendía mejor que nadie la profundidad de su dolor. Ansiosa por conocer el alcance de la parálisis, le escribió: «Si puedes, hija mía, añade unas líneas de tu puño y letra para tranquilizarme». Poco después, le rogó a la Madre Hardey que se cuidara, y añadió: «Después de ver tu letra, aunque está muy cambiada, mi pobre corazón puede volver a respirar». Las pocas líneas que la Madre Hardey envió a la Madre Barat fueron las últimas que escribió ella misma. La Madre Margaret Hoey asumió el cargo de secretaria durante los siguientes catorce años.

La Madre Hardey se trasladó a Kenwood para recuperarse. El otoño anterior había anunciado la apertura de una escuela normal para la formación de profesores en Manhattanville, pero su propia enfermedad y la de la Madre Peacock, que iba a dirigirla, impidieron que el proyecto se llevara a cabo.[58] Sin embargo, sus fundaciones continuaron. Planeó una escuela diurna en Beaver Street, en Albany, y aceptó la oferta del obispo Ignatius Bourget de una casa en Montreal para una escuela diurna y un lugar de reunión para las antiguas alumnas de la ciudad. Pronto se organizaron retiros para «damas del mundo» y, en 1861, se formó un círculo de costura de las Hijas de María.[59]

GUERRA CIVIL

En la primavera de 1861, estalló la guerra civil en Estados Unidos entre el Norte y el Sur. Debió de ser una agonía para ella ver cómo su tierra natal, el Sur, era considerada territorio enemigo. Su propio sufrimiento sirvió para aumentar su compasión por el de los demás, y trabajó con su energía habitual para aliviarlo. En abril, escribió a la Madre Barat describiendo la «triste situación de nuestros pobres estados». Las comunicaciones entre el norte y el sur se

---

58 La escuela normal iba a comenzar con una docena de graduadas de la escuela parroquial de Manhattanville, y la madre Peacock se encargaría de organizar este trabajo.

59 La Madre Barat le había dejado la decisión sobre Montreal a ella, al tiempo que escribía en su carta del 28 de abril de 1861 sobre cuánto bien se podía hacer allí, donde se encontraba la mayor parte de la población, a diferencia del campo donde se encontraba Sault.

interrumpieron. Había combates a solo un día de viaje de Nueva York. Las 200 000 tropas pasaron por Nueva York de camino a ayudar a la capital. Los alimentos tenían un precio desorbitado. «¿Cómo podemos vivir si esta situación continúa?», se preguntó el 20 de abril de 1861. Cuando cerraron las escuelas de Washington y Georgetown, la Madre Hardey ofreció Manhattanville como lugar de refugio para las monjas de la Visitación en caso de evacuación, pero esto no ocurrió. En Manhattanville no se retiró a ninguna alumna, pero muchos padres, especialmente los del sur, no podían pagar la educación de sus hijas. Una sureña que asistió a la escuela durante la guerra escribió sobre la amabilidad de la madre Hardey: «Recibida como alumna *gratuita*, una pequeña refugiada rebelde, nunca olvidaré su delicada generosidad».[60]

Los padres de algunas de las alumnas de Manhattanville eran generales de las fuerzas de ocupación en Luisiana. Gracias a su amistad con la madre Hardey, se proporcionaron provisiones y seguridad al convento de Grand Coteau. Una carta del general Nathaniel P. Banks a la superiora, la madre Amélie Jouve, es indicativa de su preocupación y amabilidad hacia la comunidad y las alumnas:

> Si desea enviar cartas a Nueva York, por favor, remítamelas a mí a través del portador, que tiene instrucciones de esperarlas. Le envío una protección que salvaguardará su escuela de los combates en la retaguardia de mi columna y, si lo desea, dejaré una guardia. Mi hija está con Madame Hardey en Nueva York. He ordenado al comisario en jefe que envíe a su orden en el convento pequeñas cantidades de harina,

---

60 Williams, *Second Sowing*, p. 367.

café, té, sal fina y otros artículos que puedan ser útiles, que le ruego acepte, si los recibe, con mis saludos.[61]

Las «pequeñas cantidades» resultaron ser: 100 libras de café; cinco barriles de harina; dos barriles de harina; medio cofre de té; un barril de azúcar y cinco sacos de sal. A través de sus contactos con la madre Hardey, tanto él como el mayor general Benjamin Butler ayudaron a la madre Anna Shannon a cruzar las líneas de ocupación para visitar los otros conventos de Luisiana.

VIAJES

Durante dieciocho meses no hubo comunicación entre los conventos de Misuri y Luisiana, por lo que, a petición de la madre Barat, en agosto de 1862, la madre Hardey visitó las casas occidentales, de las que se encargó mientras duró la guerra. Las demandas de caridad fueron muchas ese año, pero logró brindar ayuda financiera a Chile, así como a St. Louis y St. Joseph. De camino a St. Louis, visitó la casa de Chicago, fundada desde allí solo tres años antes. En todas partes fue recibida con alegría como enviada de la Madre Barat. Sus palabras de aliento y su generosa ayuda fueron recibidas con gratitud. Viajar en condiciones de guerra era lento y difícil, y la Madre Hardey tenía mala salud. La Madre Barat expresó su preocupación y agradecimiento: «Cuánto sufrí al enterarme del delicado estado de tu salud. Nuestro Señor sabe que te ha visto afectada por las labores realizadas por el bienestar de su pequeña Sociedad. Él no olvidará tu sacrificio».[62]

---

61 20 de abril de 1863. Callan, *Society*, pp. 526-29. Correspondencia original, Archivos Provinciales, St. Louis, Misuri.

62 Garvey, p. 251.

Pero al invierno siguiente, la Madre Hardey volvió a viajar. En 1863, abrió una segunda casa en Cuba, Santo Espíritu. Aunque prometía mucho, la guerra en Cuba obligó a cerrarla al cabo de cinco años. Mientras la Madre Hardey estaba allí, se enteró de que su padre había fallecido en Luisiana tres meses antes.[63] Como era habitual en ella, se guardó la triste noticia para sí misma, no queriendo empañar la alegría de la fundación.

CAMBIOS

En 1864 falleció el obispo Hughes. Fue una gran pérdida para la Sociedad, de la que había sido amigo y defensor desde sus primeros días en Nueva York. Tenía a la Madre Hardey en la más alta estima.[64] Le sucedió otro amigo de los primeros días en Houston Street, el obispo John McCloskey, que había sido capellán allí y más tarde había ayudado a los religiosos en Astoria y Albany. Se mantuvo cercano a la Sociedad cuando se convirtió en cardenal arzobispo de Nueva York.

Ese año también trajo consigo cambios en el gobierno de la Sociedad en América. El último Consejo General presidido por la Madre Barat alivió a la Madre Hardey de parte de su carga, dejando en su vicariato solo las ocho casas del este de Estados Unidos y Cuba. Canadá se convirtió en un vicariato independiente; el sur y el oeste pasarían a ser vicariatos. La Madre Barat

---

63 La noticia de la muerte de su padre tres meses antes había llegado desde el sur a través de Canadá, ya que no había comunicación con el norte.

64 16 de julio de 1861. Aunque descarta algunas quejas «cuya fuente» conocía como «falsas y maliciosas», el obispo Hughes escribe al cardenal Barnaba expresando su alta opinión de la madre Hardey: «No creo que haya en este país una religiosa más por encima de toda sospecha que la madre Hardey del Sagrado Corazón, ya que quizá no haya otra que haya hecho más bien en el ámbito de su vocación. Pero ni siquiera los más puros y los mejores pueden escapar siempre».

escribió que esperaba que la Madre Hardey prestara la ayuda de «su experiencia y dedicación» a los conventos de Misuri, y que la Madre Gallwey se encargaría «temporalmente de Misuri y Potawatomi (la misión india) con el asesoramiento de la Madre Hardey»[65]. La separación del vicariato canadiense fue dolorosa para todos. En las *Lettres annuelles*, las religiosas de Halifax mencionaron el sacrificio que esto suponía, ya que «la mayoría de nosotras, desde el comienzo de nuestra vida religiosa, no hemos conocido otro gobierno que el de nuestra reverenda y muy amable Madre Hardey». Las religiosas de la casa de Londres (Ontario) expresaron su gratitud: «Nos ha colmado de bondad». Pero en los comentarios del diario de la casa de Montreal se percibía una nota de esperanza: «Los proyectos de construcción nos dan la esperanza de volver a ver en Canadá a esta querida Madre, tan digna de nuestro afecto y de nuestra profunda estima, y aún más de nuestra eterna gratitud».

La Guerra Civil de los Estados Unidos llegó finalmente a su fin cuando la Madre Hardey regresaba de Cuba antes de la Pascua de 1865. Pero el asesinato del presidente Lincoln prolongó el duelo nacional. Las vacaciones de Pascua en Manhattanville se prolongaron. Los ánimos estaban muy caldeados entre las alumnas del norte y del sur. Cuando regresaron a la escuela, se les prohibió llevar insignias de luto a clase. La Madre Hardey tuvo que emplear toda su habilidad para mantener el funcionamiento tranquilo del gran internado y evitar divisiones.[66]

---

65   Madre Barat a las casas de América, 25 de agosto de 1864.

66   La hija del activista norteño Horace Greeley estaba en la escuela en ese momento. Las crisis anteriores se habían evitado gracias al tacto de la Madre Hardey. En una ocasión, cuando el obispo Labastida, refugiado y exiliado de México por el presidente Comonfort, vivía en Manhattanville, la hija del presidente, que era alumna allí, llevó a su padre a una misa celebrada por el obispo. Afortunadamente, no se produjo ningún incidente desagradable. Más tarde, cuando fue reinstaurado en su país, el obispo cor-

7

MÁS CAMBIOS

LA MUERTE DE MADRE BARAT

El duelo continuó y se intensificó aquella primavera cuando la noticia de la muerte de Madre Barat, acaecida el 25 de mayo, llegó a los conventos de América. Para todas fue un profundo dolor personal, pero quizá nadie sufrió su pérdida más profundamente que Madre Hardey. Durante treinta años, a través de cartas y contactos personales, la Madre Barat había formado, aconsejado y fomentado el crecimiento espiritual de su «primera hija americana». La Madre Hardey había recibido de ella la visión de lo que debía ser la Sociedad del Sagrado Corazón en América y se había esforzado incansablemente y con todo su corazón para hacer realidad esa visión. En el primer arrebato de dolor, escribió a la Madre Josephine Gœtz el 13 de junio que, aunque el tiempo pudiera mitigar la amargura:

> Nunca borrará de mi corazón el recuerdo de quien lo fue todo para mí. Su ejemplo, sus palabras, los consejos

respondió a la hospitalidad de la Madre Hardey invitando a la Sociedad del Sagrado Corazón a fundar una casa en México.

que tan a menudo me dio permanecerán grabados en mi alma, y el estudio de mi vida será siempre merecer que desde el cielo ella siga mirándome con una sonrisa amorosa.

La Madre Hardey siguió dedicando todas sus energías a «mantener vivo su espíritu» en la Sociedad en América.

KENWOOD

Al año siguiente, en 1866, Manhattanville finalmente hizo el sacrificio de la Madre Hardey, cuya presencia era necesaria en Albany. En septiembre escribió que para ella el sacrificio era «amargo para el corazón», pero endulzado por la idea de que estaba obedeciendo. Después de veinticinco años en Nueva York,

Kenwood, Albany, Nueva York, 1859

le resultaba difícil marcharse. Una vez en Kenwood, la Madre Hardey se dedicó a la construcción de un imponente edificio en la ladera aterrazada donde se encontraba la mansión Rathbone. Supervisó personalmente los detalles de la construcción. Tanto si estaba en casa como si viajaba por Estados Unidos o Cuba, insistía en recibir «información regular sobre el progreso diario» de las obras.[67] Su finalización se retrasó hasta 1871, ya que la Madre Gœtz, ahora superiora general, le pidió que enviara los fondos reservados para ese fin a St. Louis, donde se estaba construyendo el convento de Maryville. Kenwood, un convento, noviciado y colegio interno, fue la culminación de la larga carrera de la Madre Hardey dedicada a la construcción para la gloria del Corazón de Jesús.

EL OESTE

En 1869, después de atender las necesidades comerciales de St. Louis, la Madre Hardey viajó a St. Mary's, Kansas, a la misión india de los potawatomi. Como los indios se estaban marchando, se planteó la posibilidad de suprimir la escuela. En cambio, la Madre Hardey decidió construir una nueva para los hijos de los colonos blancos que los sustituyeron. Tenía la delicada tarea de separar los fondos de la Sociedad del Sagrado Corazón de los de la Compañía de Jesús, ya que desde 1841 hasta ese momento las religiosas y los misioneros jesuitas los habían poseído y administrado conjuntamente. Se llevó a cabo la división y se creó una corporación independiente para la academia. El obispo Jean-Baptiste Miège de Leavenworth, que fue testigo de la transacción, quedó profundamente impresionado por la perspicacia

---

[67] Madre Sarah Jones en correspondencia con la Madre Margaret Hoey, 26 de julio de 1866.

empresarial de la Madre Hardey y por su carácter, el de «un tipo consumado» de religiosa del Sagrado Corazón.[68]

La Madre Hardey se marchó a un retiro en París en el verano de 1869. En general, fue un tiempo tranquilo hasta que la Madre Gœtz sugirió que podría ser nombrada asistente general en el futuro. Así que, tras su regreso a Estados Unidos, su trabajo cobró mayor urgencia. Realizó la tan deseada fundación de Cincinnati, Ohio, prometida durante treinta y cinco años, y la de Rosecroft, Maryland. Rosecroft era especialmente querido por la Madre Hardey. Fue donado a la Sociedad por su madrastra, que había sido su hogar y cuya hija Lena[69] ingresaba como novicia.[70] Estaba situado en un lugar precioso y prosperó en muchos aspectos, pero en pocos años su relativo aislamiento y la consiguiente falta de ayuda espiritual obligaron a su cierre.

FRANCIA, 1870

La madre Hardey volvió a instalarse en Manhattanville cuando volvieron a estallar los disturbios políticos en Francia. Era el año de la guerra franco-prusiana y de la Comuna de París. En París, cuando los combates callejeros amenazaban la seguridad de la casa madre, la madre Hardey se apresuró a ofrecer hospitalidad

---

68   Garvey, p. 294.

69   Lena Hardey, hermanastra de Aloysia, nació en 1852, ingresó en la Sociedad y murió como novicia en 1876.

70   Garvey, págs. 305-306. Escribió a la Madre Gœtz: «La propiedad está situada en un lugar precioso a orillas del río St. Mary, a ciento veinte millas de Baltimore, y tiene una extensión de 300 acres...Como está casi rodeada de agua, el lugar ofrece todas las ventajas de los baños de mar, lo que sería muy beneficioso para nuestros inválidos; además, siempre hay abundancia de pescado y ostras, y puedo añadir que este lugar es considerado la cuna del catolicismo en Maryland, ya que la primera colonia católica desembarcó aquí en 1634».

a todos los religiosos que se veían obligados a huir.⁷¹ Sin embargo, no fue necesaria una evacuación, sino ayuda económica, y la madre Hardey, con su generosidad habitual, envió todo lo que pudo.

---

71 Marie Dufour, *Vie de la très Révérende Mère Marie-Joséphine Gœtz*, pp. 378-79. En Halifax, el obispo y los religiosos del Sagrado Corazón invitaron a los refugiados a esa ciudad, ordenando evidentemente al capitán de un barco que los esperara en Inglaterra. Escribió que su barco estaba listo y esperando, ya que no quería que se impidiera la salida a ningún religiosa del Sagrado Corazón.

8

PARÍS Y AMÉRICA

ASISTENTE GENERAL

Nunca había habido una asistente general estadounidense en la casa madre, pero en 1872, la Madre Gœtz nombró a la Madre Hardey. Le pidió que visitara todas las casas de la Sociedad en América del Norte: Canadá, Cuba y Estados Unidos, y que informara en París a finales del verano.[72]

Segura de que el conocimiento de su nombramiento y la consiguiente separación causaría dolor a todos, prefirió viajar como visitadora. A la edad de sesenta y dos años, se embarcó en un viaje con un calendario casi imposible. A menudo había que cambiar los planes de forma repentina para adaptarse al transporte disponible, y en aquellos días, antes del teléfono, apenas se podía avisar con antelación. Pero cuando era necesario, a la Madre Hardey no le importaba llegar sin avisar. En muchos aspectos, su viaje se convirtió en un éxito rotundo. Ella misma había fundado la mayoría de los conventos que ahora visitaba. Ella misma había formado a

---

[72] La madre Gœtz quería que los conventos de Europa y América estuvieran unidos por un vínculo vivo. Para lograrlo, decidió nombrar a una estadounidense como asistente general, diciendo: «Para tal *golpe de estado*, consultaré al Sumo Pontífice, a mi Consejo, al clero, a los misioneros jesuitas e incluso al Padre General». Williams, *Second Sowing*, p. 419.

muchas de las religiosas. Desde Eden Hall hasta Cincinnati, desde Detroit hasta St. Michael, desde La Habana hasta Halifax, los relatos de su visita respiran la más sincera gratitud y afecto. En Grand Coteau, la pequeña habitación que había sido la capilla cuando tomó los hábitos en 1825 se había dispuesto tal y como estaba entonces.[73]

Debido al programa de viaje, solo pudo quedarse en St. Michael un día. Vio con satisfacción el hermoso edificio que aún estaba sin terminar cuando lo dejó treinta años antes. «El viejo John», un antiguo esclavo de St. Michael, esperó junto al río durante tres noches para asegurarse de estar allí para dar la bienvenida a la madre Hardey, negándose a ser sustituido durante su vigilia. La madre Hardey estaba en St. Michael cuando la madre Bazire adquirió a una mujer llamada Henny con sus tres hijos pequeños: Mary, Joseph y John.[74] Otra persona que esperaba con impaciencia el regreso de la madre Hardey a St. Michael y que quedó devastada por su brevedad fue Eliza Nebbit, residente desde hacía mucho tiempo en St. Michael, primero como esclava, luego como miembro dedicado de la casa, ahora en sus sesenta y tantos años. Declaró que la madre Hardey no podía marcharse hasta que ella, Eliza, tuviera la oportunidad de abrirle su alma.

En 1872 había 731 hermanas y 146 novicias en Norteamérica, y es probable que la Madre Hardey las viera a todas. Tenía una memoria fenomenal, por lo que probablemente las recordaba a todas. En la casa madre se decía que se sabía el catálogo de memoria.

---

73   En Grand Coteau, recomendó la apertura de «una escuela parroquial o gratuita» para los hijos de las familias arruinadas por la guerra (Memorial de la Superiora, Grand Coteau).

74   Garvey, p. 313.

En vísperas de su partida hacia Europa, seguía preocupada por las nuevas fundaciones y encontró tiempo para visitar una casa en Providence, Rhode Island, que pronto se convertiría en Elmhurst. Se percató de las necesidades de las diferentes casas e intentó satisfacerlas.[75] Finalmente, el 11 de septiembre de 1872, embarcó hacia Francia, acompañada por su fiel secretaria durante muchos años, la Madre Margaret Hoey. Con ella viajaron dos futuras novicias, una de ellas su propia media hermana Lena.[76] La separación de Estados Unidos no fue tan definitiva como muchos temían, ya que, en tres ocasiones durante los siguientes catorce años, asuntos de negocios o de salud requirieron su presencia en Nueva York. Para entonces, la travesía desde Nueva York se podía realizar en tan solo diez días. La «primera hija americana» de la Madre Barat siguió estando muy vinculada a su tierra natal.

En París, tras un breve descanso de sus viajes, como representante de la Madre Gœtz, la Madre Hardey visitó los conventos franceses de Burdeos, Orleans y Beauvais, y la acompañó a la fundación de Pau.[77] Cuando la Madre Gœtz falleció en 1874, sintió profundamente la pérdida de esta amiga de tantos años.

VISITA A AMÉRICA

La Madre Adèle Lehon fue elegida superiora general en mayo

---

75 A pesar de ser generosa con sus donaciones, la madre Hardey tenía un agudo sentido de los negocios. En una factura del 10 de enero de 1873, H. Erben, fabricante de órganos, añade esta posdata: «Debido a que la Sra. Hardey me ha encargado cuatro órganos, le he descontado 500 dólares de mi precio habitual».

76 Cuando en mayo de 1876 la madre Hardey se enteró de la muerte de su media hermana Lena, novicia en Manhattanville, su dolor fue tal que solo después de una hora de oración pudo aceptar la pérdida.

77 La primera fotografía de una madre general se tomó en Pau, donde la madre Hardey convenció a la madre Gœtz para que posara con ella. En este viaje visitaron el santuario de Nuestra Señora de Lourdes. Williams, *Second Sowing*, p. 441.

de 1874. Una de sus primeras medidas en el cargo fue enviar a la Madre Hardey a Nueva York para atender un asunto urgente relacionado con la propiedad de Manhattanville. En octubre se esperaba una decisión del Tribunal Supremo sobre los impuestos. «Una pregunta: ¿era necesario el terreno para nuestras obras?», escribió la Madre Hardey, y más tarde: «En enero se espera una decisión definitiva».[78] Permaneció nueve meses en Estados Unidos, encontrando tiempo para visitar muchas casas de su antiguo vicariato. En Manhattanville se celebró una recepción para el arzobispo McCloskey, recién nombrado cardenal, y, en presencia de la madre Hardey, este convirtió su discurso en un elogio a su amiga de treinta años, mientras que los sacerdotes asistentes expresaron su estima y gratitud con una larga ovación.

Cuando la Madre Hardey zarpó de nuevo hacia Francia el 20 de abril de 1875, se marchó sin su secretaria, la Madre Hoey, que había sido literalmente su mano derecha durante catorce años. No fue por deseo de la Madre Hardey, sino de la Madre Lehon, por razones desconocidas. Esto queda claro en la carta de la Madre Hardey a la Madre Lehon del 19 de febrero de 1875, en respuesta a una carta de la Madre Lehon escrita el 19 de enero y que ya no existe. La profundidad con la que la Madre Hardey sintió el sacrificio de la Madre Hoey queda patente en su carta: «No te ocultaré que el sacrificio de mi secretaria me cuesta mucho...El cambio causará una dificultad extrema. Nadie puede entenderlo, a menos que, como yo, dependa de otra persona para expresar incluso lo más íntimo». Luego, como es característico en ella, concluye: «Puesto que lo deseas, me someteré y trataré de encontrar a alguien que la sustituya».

---

78 29 de septiembre de 1874; 30 de diciembre de 1875. Habría más detalles sobre este interesante caso si el fuego no hubiera destruido la mayor parte de los registros de Manhattanville en 1888, dos años después de la muerte de la Madre Hardey.

No sabemos por qué la Madre Lehon deseaba que Margaret Hoey se quedara. Quizás la necesitaban demasiado en casa. Tenía treinta y seis años en ese momento, había participado anteriormente en proyectos de construcción y ahora se convirtió inmediatamente en tesorera del vicariato.[79] Para suceder a la Madre Hoey y regresar con la Madre Hardey a París, eligió a Pauline Seymour, que ocupó ese cargo hasta 1882. En esa función, acompañó a la Madre Hardey en sus viajes por España y tomó abundantes y entretenidas notas que llenaron los espacios vacíos del relato del viaje.[80] No está claro quién ocupó ese importante cargo en los dos años siguientes, pero desde 1884 hasta agosto de 1886 fue Catherine Grasser, que estuvo presente en el fallecimiento de la Madre Hardey en junio, pero permaneció en la casa madre durante dos meses más. Luego regresó a Nueva York para participar en la fundación de Grosse Pointe, Michigan.[81]

---

79 Más tarde ocupó los cargos de asistente y superiora en Madison Avenue y Elmhurst. Murió en Arch Street, Filadelfia, en 1917.

80 Pauline Catherine Apolonie Seymour nació en Georgetown, Maryland, en 1843. Fue recibida en la Sociedad por la Madre Hardey, ingresó en Kenwood, hizo sus primeros votos allí en 1869 y su profesión perpetua en diciembre de 1874. Al año siguiente, asumió su cargo con la Madre Hardey. Tras regresar a Nueva York en 1882, se dedicó durante muchos años a la enseñanza, especialmente a las clases de catecismo en la escuela gratuita. Murió en Eden Hall en 1916.

81 Catherine Grasser, RSCJ, nacida en 1843 en Dielkirk, Luxemburgo, llegó a los Estados Unidos cuando era niña y entró en la Sociedad en 1859 en Manhattanville. Finalmente profesó en 1868 y prestó servicio en varias casas como asistente y tesorera, tanto antes como después de su puesto de secretaria con la Madre Hardey. Murió en Rochester en 1918.

9

CONCLUSIÓN DORADA

JUBILEO DE ORO

De vuelta en París, la Madre Hardey continuó sus visitas a los conventos de Francia y España.[82] Comenzó una nueva obra en Beauvais, la Escuela Apostólica, para la educación de las jóvenes que deseaban la vida religiosa, pero que necesitaban ayuda económica. La recaudación de fondos para esta escuela ocupó gran parte de su tiempo en sus posteriores visitas a América. Incluso la celebración de su jubileo de oro de primeros votos, el 15 de marzo de 1877, fue una ocasión para recibir donaciones para este proyecto.[83] Doce baúles llenos de regalos acompañaron a las religiosas americanas en su viaje a París ese invierno. Desde ambos lados del Atlántico, amigos de todas las edades enviaron felicitaciones, desde su contemporáneo cardenal McCloskey hasta las niñas de Manhattanville y Kenwood. Su compañera

---

82 En la frontera española fue tratada con especial cortesía, ya que la confundieron con la abuela del rey, la reina Cristina, que viajaba de incógnito.

83 El Jubileo de Oro solía ser el quincuagésimo aniversario de la profesión religiosa. La decisión de la Madre Hardey de celebrar un aniversario anterior pudo haber sido motivada por el deseo de evitar interferir con el Jubileo de Oro de la profesión de la Madre Lehon, que habría tenido lugar el mismo verano que el suyo.

de trabajo en Estados Unidos durante muchos años, la madre Amélie Jouve, vino desde Orleans para la celebración. Las novicias estadounidenses de Conflans pasaron el día en la casa madre. La madre Hardey se emocionó visiblemente por estas muestras de amor y gratitud. «¡Me dieron ganas de llorar!», dijo más tarde, «¡si me hubieran dado tiempo!». Las escuelas de Estados Unidos tuvieron un día festivo en su honor. Hubo misas y panegíricos. En Manhattanville, el padre F. J. L. Spalding, alabando su don para el gobierno, dijo: «Nació para gobernar, pero para gobernar con el poder del amor y la dulzura».[84] En este aniversario, Estados Unidos seguía muy unido a la Madre Hardey.

OTRAS VISITAS

En 1878, una visita más breve a Estados Unidos le devolvió la salud, que le causaba ansiedad, y a su regreso a Conflans, la Madre Hardey se hizo cargo del grupo de probanistas (jóvenes hermanas que se preparaban para la profesión perpetua) de septiembre, en ausencia de la Madre Juliette Desoudin. Era una nueva responsabilidad para ella, y la aceptó como había hecho con todas las demás a lo largo de su vida. Continuó las visitas a los conventos de Francia y Bélgica con la Madre Lehon y actuó como su intérprete en Inglaterra e Irlanda. En 1880, se le confió la administración de la escuela diurna situada junto a la casa madre. Pronto puso en marcha un programa para estudiantes adultos, en su mayoría estadounidenses, llamadas «parlor boarders» (alumnas internas).

En 1882, la Madre Hardey realizó su última visita a Estados Unidos, en un intento por salvar la propiedad de Manhattanville de las incursiones de una ciudad en rápido crecimiento. Se estaban

---

84 Garvey, p. 341.

planificando calles que atravesarían los terrenos. Muchos pensaban que el convento debía trasladarse. Pero la Madre Hardey estaba decidida a mantener tanto la ubicación como el nombre de la escuela, que durante cuarenta años había trabajado para que fuera sinónimo de buena educación. Era una tarea difícil. Rezó largo rato ante la tumba de la Madre Barat antes de ponerse en marcha. Ahora tenía setenta y tres años. Había estado fuera durante diez años y había perdido el contacto.

Las negociaciones duraron un año y medio, tiempo durante el cual logró vender parte de la propiedad y desviar la calle propuesta del centro al borde de la propiedad. Los amigos que antes la habían ayudado se habían mudado o habían fallecido. Pero nuevos amigos acudieron en su ayuda y los edificios y terrenos del convento quedaron intactos por los urbanistas. Por última vez, había salvado su querida Manhattanville.

ÚLTIMAS FUNDACIONES

La madre Hardey había visto la necesidad de crear una escuela diurna en la zona central de la ciudad de Nueva York, y en 1881, el cardenal McCloskey dio la bienvenida a las Religiosas del Sagrado Corazón a su parroquia catedralicia y celebró la primera misa para ellas en Madison Avenue. Al año siguiente, el obispo Caspar Borgess, de Detroit, convenció a la Madre Hardey para que aprobara un segundo convento en su diócesis, en Grosse Pointe, la hermosa propiedad situada en el lago St. Clair, que la Sociedad había comprado en 1864.[85] En Atlantic City, se cumplió el deseo

---

85   Garvey, p. 340. La Madre Hardey no vivió para ver la finalización del edificio de la academia en Grosse Pointe, pero siguió muy interesada en él. Una de sus preocupaciones

que la Madre Hardey había acariciado durante mucho tiempo de tener un convento junto al mar para la salud de las religiosas. La casa tenía «todo lo que necesitamos» para una academia, escribió a la Madre Lehon el 2 de septiembre de 1883. Pronto comenzó a planificar la construcción de una escuela parroquial, ocupándose ella misma de todos los detalles. El cardenal McCloskey visitó el convento varias veces y su salud mejoró notablemente durante las tres semanas que pasó allí en 1883 con la Madre Hardey. La Madre Fanny Sullivan, en una carta dirigida a la Madre Hardey el 22 de septiembre de 1885, un año antes de su muerte, se refirió a la casa de Atlantic City como «su hogar favorito» y «la última prueba de su tierno cuidado».[86]

LEGADO

En febrero de 1884, la Madre Hardey zarpó hacia Francia por última vez. Las palabras con las que se le dio la bienvenida a Nueva York a su llegada expresaban bien la afectuosa veneración que se le profesaba: «Tu presencia, tus consejos, tu aliento, tu amor, cada una de tus palabras están consagradas en nuestros corazones como un precioso legado». Había dedicado su vida a difundir la Sociedad del Sagrado Corazón en América y a fomentar su espíritu de amor. Su deseo al partir, que resumía la inspiración de su propia vida, era que cada uno «viviera para, en, por y con el Sagrado Corazón».

---

durante su última enfermedad fue hacer planes para que se construyera allí la escuela parroquial.

86 Frances Clotilde Sullivan, RSCJ (1852-1891), estuvo en la casa de Atlantic City, según el registro de la comunidad, desde el 20 de noviembre de 1884 hasta el 20 de enero de 1886.

MUERTE

En París, la Madre Hardey reanudó su trabajo habitual hasta junio de 1885, cuando la recuperación parcial de una enfermedad la llevó a visitar el convento de Calais para respirar el aire marino. En el camino, sufrió un ataque al corazón que le dejó solo unos meses de vida. Ahora solo se desplazaba en silla de ruedas, por primera vez inactiva, hasta que el 19 de junio de 1886 Dios la llamó a su lado. La Madre Hardey fue enterrada en Conflans, cerca de la Madre Barat, pero cuando las religiosas abandonaron Francia en 1905, durante el cierre político de las instituciones católicas, su cuerpo fue trasladado a Estados Unidos para descansar en el cementerio de Kenwood.

La Madre Barat, desde el cielo, debió de mirarla con una sonrisa amorosa y compartir la bienvenida a su «primera hija americana».

Reenterramiento en Kenwood, 1905

Ce Jourd'huy Vingt neuf Avril, l'an de grace mil huit cent trente sept; et de l'indépendance des États unis le soixante et unième.

Entre les soussignés habitants de l'État de Louisiane Paroisse St Jacques, Comté de L'Acadie; a été convenu, arrêté et conclu ce qui suit.

Savoir que

Dame Hardey (Alloysia) religieuse du Sacré Cœur, et Supérieure de la maison de St Michel, agissant tant en son nom, et droits qui lui sont conférés, qu'au nom de Dame Barat, Supérieure générale des dames du Sacré Cœur, laquelle dame, et vénérable Supérieure réside à Paris, Royaume de France: D'une part.

& Prosper Amable Claudot Dumont, gérant de la ferme modèle de l'état de la Louisiane, tant en son nom que comme caution, et se portant fort, pour le nommé Celestin mulatre libre; présent acceptant et consentant.

Il a été dit

Que Dame Alloysia Hardey, voulait bien prendre en bonne part la Sollicitation qui lui était adressée par le nommé Celestin pour l'affranchissement de Satante françoise

Que Dame Alloysia Hardey, eu égard à l'âge avancé, et aux Services de l'esclave françoise, Comme aussi pour répondre aux louables intentions de Celestin, Consentait à ce que ladite esclave devint libre et affranchie.

Toutefois, attendu que Dame Alloysia Hardey Suffisamment autorisée à faire des concessions, ne se croit pas munie de pouvoirs assez généraux pour faire des dons gratuits Sans autorisation Spéciale, et que le retour de cette autorisation Valable, mènerait à de trop longs délais au préjudice du Sollicitant; Il a été convenu, que non pas à titre de

Documento de emancipación de Françoise, St. Michael, 29 de abril de 1837, página 1.

rachat, ou de payement; mais à titre d'indemnité, il sera
compté la somme de Cent piastres, au couvent de St Michel,
Cher Celestin, le jour de la sortie et affranchissement de sa
tante françoise.

— Il est expressément arrêté, et Dame Alloysia
Hardey, en fait une condition expresse et de rigueur, que nous
bien que l'indemnité de Cent piastres doive être comptée par
Célestin, la négresse françoise est et demeure à toujours libre
et affranchie, sans que le dit Célestin puisse jamais exercer
contre elle à aucun titre, acte d'pouvoir, possession, ou
autorité; ni même de demande légale en remboursement, tant
par lui que par ses ayant cause.

Toutes les conditions ci-dessus sont acceptées par Célestin,
et le sieur Claudot Dumoir s'y porte comme caution de
l'exactitude de leur accomplissement.

L'exécution des conventions recevra son plein effet
dès le payement des cent piastres motivées et stipulées
au présent acte; que le contrat deviendra régulier par la
quittance que Dame Alloysia Hardey apposera au bas
des présentes.

Célestin déclara devant les témoins qu'il ne sait pas
écrire; et que le signe de la croix qu'il apposera est sa signature
habituelle. Le Présent fait à trois exemplaires entre nous
Soussignés. les jours et an que dessus.

P. A. Claudot Dumoir   Aloysia Hardey
                          +

Signature des témoins:
Samuel Fagot   F. Boué

Je soussignée, Supérieure du Couvent de St Michel, Certifie avoir
Reçu de Celestin Cent piastres conformément au Contrat ci-dessus
dont quittance.   P.lle St Jacques le 2 may 1837
                                              Aloysia Hardey

Documento de emancipación de Françoise, St. Michael, 29 de abril de 1837, página 2.

APÉNDICE

DOCUMENTO DE CONCEDER LA EMANCIPACIÓN A FRANÇOISE
29 DE ABRIL DE 1837

En este día, **29 de abril**, del año de gracia de 1837, y del 61.º aniversario de la independencia de los Estados Unidos.

Entre los abajo firmantes, residentes del estado de Luisiana, parroquia de St. James, condado de Acadia, se ha acordado, establecido y decidido lo siguiente.

Que se sepa que
Dame Hardey (Alloysia) [sic], religiosa del Sagrado Corazón y superiora de la casa de St. Michael, actuando en su propio nombre y por los derechos que le han sido conferidos, en nombre de Dame Barat, superiora general de las Dames du Sacré Coeur, cuya venerable superiora reside en París, Reino de Francia:

Por una parte
Y Prosper Amable Claudot Dumont, portador del sello del estado de Luisiana, en su nombre y por seguridad, con plena autoridad,

por el mencionado Celestin, mulato libre, presente, aceptando y consintiendo.

Se dice

que Dame Alloysia Hardey desea acceder a la solicitud que le ha dirigido el mencionado Celestin en relación con la emancipación de su tía Françoise,

que Dame Alloysia Hardey, en consideración a la avanzada edad y a los servicios de la esclava Françoise, y también para responder a las loables intenciones de Celestin, consiente en que dicha esclava sea liberada y emancipada.

Sin embargo, dado que Dame Alloysia Hardey, suficientemente autorizada para hacer concesiones, no se considera investida de poderes suficientemente generales para hacer donaciones sin autorización especial, y que esperar el regreso de esta autorización válida supondría un retraso demasiado largo en detrimento del solicitante, se ha acordado que, no como redención o pago, sino como indemnización, la suma de cien piastras [dólares] será depositada en el Convento de San Miguel por Celestin el día de la emancipación de su tía Françoise.

Se declara expresamente, y Dame Alloysia Hardey, en virtud de una condición expresa y directiva, que debido a la indemnización de cien piastras pagada por Celestin, la negra Françoise es y seguirá siendo libre y emancipada para siempre, y que dicho Celestin queda excluido de ejercer jamás contra ella cualquier reclamación, acto de poder, posesión o autoridad, ni siquiera una expectativa legal de reembolso, ya sea por él o por cualquier persona en su nombre.

Todas las condiciones anteriores son aceptadas por Celestin, y el señor Claudot Dumond supervisará la exactitud de su cumplimiento.

La ejecución del acuerdo surtirá pleno efecto con el pago de las cien piastras, promulgadas y estipuladas por el presente acto, y el contrato entrará en vigor mediante la reciba que Dame Alloysia Hardey adjuntará al acta de los presentes.

Celestin declara ante testigos que no sabe escribir y que la marca de la cruz que hará es su firma habitual.

El presente documento se ha redactado en tres copias por los abajo firmantes, en el día y año arriba indicados.

P.A. Claudot Dumont ✝ Aloysia Hardey

Firmas de los testigos

Samuel Fagot   L. Boué

Yo, el abajo firmante, superior del convento de San Miguel, certifico haber recibido de Celestin cien piastras de conformidad con el contrato anterior, del que estoy libre.

P-sse St. Jacques – 2 de mayo de 1837
Aloysia Hardey

(Traducción del francés: C. Osiek)

BIBLIOGRAFÍA SELECCIONADA

MATERIAL DE ARCHIVO, CARTAS, CATÁLOGOS

Archivos Internacionales de la Sociedad del Sagrado Corazón, Roma

Archivos provinciales de la Sociedad del Sagrado Corazón, Provincia de Estados Unidos-Canadá, St. Louis, Misuri

Catálogos de la Sociedad del Sagrado Corazón

Lettres annuelles de la Société du Sacré-Cœur (Cartas anuales, relatos de las comunidades)

LIBROS

Baunard, Louis. *Histoire de la Vénérable Mère Madeleine Sophie Barat*. 2 vols. París: Ch. Poussielgue, 1900.

Cahier, Adèle, RSCJ. *Vie de la Vénérable Mère Barat*. 2 vols. París: De Soye, 1884.

Callan, Louise, RSCJ. *The Society of the Sacred Heart in North America*. Nueva York: Longmans, 1937.

Dufour, Marie, RSCJ. *Vie de la Très Révérende Mère Joséphine Gœtz*. Roehampton, 1895.

Dufour, Marie, RSCJ. *Très Révérende Mère Adèle Lehon*. Roehampton, 1895.

Dufour, Marie, RSCJ. *Vie de la Révérende Mère Mary Ann Aloysia Hardey*. París: Maison Mère, 1887.

Garvey, Mary, RSCJ. *Mary Aloysia Hardey*. Nueva York: America Press, 1910; 2.ª edición, 1925.

Williams, Margaret, RSCJ. *Saint Madeleine Sophie: Her Life and Letters*. Nueva York: Herder and Herder, 1965.

Williams, Margaret, RSCJ. *Second Sowing: The Life of Mary Aloysia Hardey*. Nueva York: Sheed and Ward, 1942.

— Otra breve biografía de Aloysia Hardey, por Carolyn Osiek, RSCJ, en *The Society of the Sacred Heart Enters "Lands of the Spanish Seas"*. Ed. Marie Louise Martinez, RSCJ, pp. 37-60.

AGRADECIMIENTOS EN LA EDICIÓN ORIGINAL DE 1981

Agradecimiento por la ayuda prestada:

Investigación: Mary Cecilia Wheeler, R.S.C.J., antigua archivera de los Archivos Internacionales de la Sociedad del Sagrado Corazón, Roma, Italia.

Marie-Louise Martinez, R.S.C.J., archivista de los Archivos Nacionales de la Sociedad del Sagrado Corazón, EE. UU., St. Louis, Misuri, EE. UU.

Diseño de la portada: Harriot Benoist, R.S.C.J.

Preparación del manuscrito: Mary Parkinson, R.S.C.J.

AGRADECIMIENTOS EN LA EDICIÓN REVISADA

Michael Pera y Mary Charlotte Chandler, RSCJ, Archivos Provinciales, Sociedad del Sagrado Corazón, St. Louis, Misuri, por responder a numerosas pequeñas preguntas.

Comité Provincial de Publicaciones, Provincia USC, por su apoyo y aliento.

www.ingramcontent.com/pod-product-compliance
Lightning Source LLC
LaVergne TN
LVHW061620070526
838199LV00078B/7362